"新时代新思想标识性概念"丛书编委会

主　任

姜　辉

副主任

辛向阳　李正华

编　委

王巧荣　刘志明　李　文　余　斌　宋月红　陈志刚
林建华　欧阳雪梅　郑有贵　贺新元　龚　云　潘金娥

新时代新思想标识性概念丛书

XINSHIDAIXINSIXIANG
BIAOSHIXINGGAINIANCONGSHU

现代化经济体系

彭五堂 著

人民日报出版社
北京

图书在版编目（CIP）数据

现代化经济体系 / 彭五堂著 . -- 北京：人民日报出版社 , 2021.1
ISBN 978-7-5115-6798-7

Ⅰ.①现… Ⅱ.①彭… Ⅲ.①中国经济—经济体系—通俗读物 Ⅳ.① F123-49

中国版本图书馆 CIP 数据核字 (2020) 第 243342 号

书　　名：	现代化经济体系
作　　者：	彭五堂
出 版 人：	刘华新
责任编辑：	周海燕　孙　祺
封面设计：	墨航工作室
出版发行：	人民日报出版社
社　　址：	北京金台西路 2 号
邮政编码：	100733
发行热线：	（010）65369527　65369509　65369512　65369846
邮购热线：	（010）65369530　65363527
编辑热线：	（010）65369518
网　　址：	www.peopledailypress.com
经　　销：	新华书店
印　　刷：	涞水建良印刷有限公司
开　　本：	710mm×1000mm　1/16
字　　数：	210 千字
印　　张：	12.5
版　　次：	2021 年 4 月第 1 版
印　　次：	2021 年 4 月第 1 次印刷
书　　号：	ISBN 978-7-5115-6798-7
定　　价：	39.00 元

前 言

习近平总书记在哲学社会科学工作座谈会上的重要讲话中,对我国哲学社会科学发展状况进行分析时明确指出:"我国是哲学社会科学大国,研究队伍、论文数量、政府投入等在世界上都是排在前面的,但目前在学术命题、学术思想、学术观点、学术标准、学术话语上的能力和水平同我国综合国力和国际地位还不太相称。"同时强调,要着力构建中国特色哲学社会科学。构建中国特色哲学社会科学,基础在建构学科体系、学术体系、话语体系,关键在构建话语体系,核心在提炼标识性概念和范畴。只有从中国革命建设改革的伟大实践中提炼出标识性概念和范畴,才能形成自己的话语和话语体系;只有构建了一套系统科学的话语体系,才能建构好相应的学科体系与学术体系;只有建构好了学科体系、学术体系、话语体系,才能构建好体现中国特色、中国风格、中国气派的中国特色哲学社会科学。

概念与学科建构、理论发展之间密切相关,犹如细胞与生命一样的关系。标识性概念的缺乏或不成体系,科学理论难以形成,学科体系也无从建设。标识性概念既是中国特色哲学社会科学发展的基础,更是我们党的理论成熟的标志。概念在实践中的指向越具体,它所支撑起来的理论大厦就越具有彻底性,理论就越有解释力。马克思主义认识论认为,一个成熟概念的提出是理论创新从抽象到具体的必经阶段。也就是说，理论创新首先要提炼概念或概念创新。只有当不断提炼的概念得到认识与认可，它才有生命力，进而才能使理论明晰而实现逻辑化、系统化和科学化。

虽说我们在解读中国实践、构建中国理论上最有发言权，但因我们能得到国内外认同的标识性概念和范畴还有所缺失且不成体系，致使我国哲学社会科学在国际上的声音还比较小，还处于有理说不出、说了传不开的境地。要善于提炼标识性概念，打造易于为国际社会所理解和接受的新概念、新范畴、新表述，这是构建我们的话语体系乃至学科体系和学术体系的当务之急。

我们党在革命建设改革取得辉煌成就的伟大实践中，依循着人类社会发展规律，顺应着时代特征，充分发挥创新能力，在理论上相继形成毛泽东思想、邓小平理论、"三个代表"重要思想、科学发展观，同时提炼出许多支撑这些理论的标识性概念。党的十八大以来，以习近平同志为核心的党中央从理论和实践结合上系统回答"新时代坚持和发展什么样的中国特色社会主义、怎样坚持和发展中国特色社会主义"这一重大时代课题，以全新的视野深化对共产党执政规律、社会主义建设规律、人类社会发展规律的认识，进行艰辛理论探索，取得重大理论创新成果，形成了新时代中国特色社会主义思想。党的十八大以来提炼出许多新的符合时代特征的标识性概念，这些概念因其科学性不仅成为习近平新时代中国特色社会主义思想这一理论大厦的坚实的奠基石，而且越来越得到国内乃至国际社会的普遍认同。比如，2016年5月，习近平总书记在哲学社会科学工作座谈会上的重要讲话中指出：推进国家治理体系和治理能力现代化，发展社会主义市场经济，发展社会主义民主政治，发展社会主义协商民主，建设中国特色社会主义法治体系，发展社会主义先进文化，培育和践行社会主义核心价值观，建设社会主义和谐社会，建设生态文明，构建开放型经济新体制，实施总体国家安全观，建设人类命运共同体，推进"一带一路"建设，坚持正确义利观，加强党的执政能力建设，坚持走中国特色强军之路、实现党在新形势下的强军目标，等等，都是我们提出的具有原创性、时代性的概念和理论。

中国社会科学院马克思主义理论创新智库，拟从党的十八大以来党的创新理论中提取部分重要的核心的标识性概念进行理论和学术上的解读，形成"新时代新思想标识性概念"研究系列丛书。在选择概念和进行解读时，遵循了以下几个基本要求：一是既要体现学术性，也要体现政治性，要做到政治性与学术性有机结合。二是既要体现理论价值，也要体现实践价值。这些概念是从实践中抽象提炼升华出来的，具有重大实践价值和理论价值；同时，这些概念又对推进实践具有指导性价值。三是既要立足体现"中国特色"，也要吸收外来有益的经验与理论。四是既要立足中国，也要放眼世界。五是既要坚持马克思主义，也要体现中国优秀传统文化，做到二者有机结合。

本智库与人民日报出版社合作出版"新时代新思想标识性概念丛书"，已经出版了第一辑共八种图书，本次出版第二辑的八种新书。希望本套丛书有助于广大党员干部学习和领会习近平新时代中国特色社会主义思想。

中国社会科学院马克思主义理论创新智库　编委会

目 录

导 言 ··· 1

第一章　现代化经济体系概念解读

第一节　经济体系 ··· 6
第二节　现代化经济体系 ·· 15

第二章　面向 21 世纪的中国现代化发展战略

第一节　积极应对"百年未有之大变局"的挑战 ····················· 24
第二节　筑牢中华民族伟大复兴的坚实基础 ·························· 30
第三节　全面建设社会主义现代化国家的战略支撑 ················ 42

第三章　马克思主义视域中的现代化经济体系

第一节　现代化经济体系的理论基础 ···································· 54

第二节　现代化经济体系的基本目标 ················· 68

第四章　建设现代化经济体系必须坚守的基本原则

第一节　必须坚持社会主义基本经济制度 ············· 84
第二节　全面贯彻新发展理念 ····················· 90
第三节　以供给侧结构性改革为主线建设现代化经济体系 ······ 103

第五章　系统推进现代化经济体系建设

第一节　创新引领、协同发展的产业体系 ············· 112
第二节　统一开放、竞争有序的市场体系 ············· 122
第三节　体现效率、促进公平的收入分配体系 ·········· 132
第四节　彰显优势、协调联动的城乡区域发展体系 ······· 141
第五节　资源节约、环境友好的绿色发展体系 ·········· 157
第六节　多元平衡、安全高效的全面开放体系 ·········· 168
第七节　充分发挥市场作用、更好发挥政府作用的经济体制 ··· 178

导　言

党的十九大报告首次提出建设现代化经济体系的重大战略目标，这是我国在开启全面建设社会主义现代化国家新征程的历史背景下作出的重大战略部署。建设现代化经济体系，既是我国经济发展的中长期战略目标，也是建设社会主义现代化强国的主要内容，是实现"两个一百年"奋斗目标和中华民族伟大复兴的中国梦的物质基础，具有重大战略意义。

中华民族在人类文明史上曾经取得过辉煌的成就，文化传承五千年绵延不绝，这在人类发展史上是绝无仅有的。但是近代以来，随着西方资本主义生产方式的迅速扩张，中国的经济渐渐落后于西方资本主义国家，并且与世界先进水平的差距越来越大。1840年第一次鸦片战争后，在西方列强坚船利炮的蹂躏下，中国一步步沦为半殖民地半封建社会。这时，中国的有志之士清醒地认识到中国已经大大落后了，只有向西方学习，走西方国家的发展道路，建设现代化国家，才能赶上世界先进水平，使中华民族重现辉煌。但是，从洋务运动到戊戌变法再到辛亥革命，一次次的现代化尝试最终都以失败告终。直到五四运动后，随着马克思主义在中国的快速传播和中国共产党的成立，中国进入国家自立和民族复兴的新的历史时期。在中国共产党的领导下，中国人民找到一条把马克思主义普遍真理与中国实际相结合的革命道路，通过农村包围城市，推翻了国民党的反动统治，结束了中国长期的战乱和动荡，使中国的现代化建设步入正轨。

1949年中华人民共和国成立后，中国共产党带领全国人民积极探索通过社会主义发展道路来实现工业化和国家的全面现代化。在这一过程中我们既取得了巨大的成就，也遭受过严重的挫折。1978年年底召开的党的十一届三中全会，在总结新中国成立前三十年发展经验教训的基础上，提出把全党的工作重点转移到经济建设上来，开启了改革开放新的历史时期。

改革开放四十多年来，中国经济社会建设实现了跨越式发展，人民的生活发生了翻天覆地的变化。时至今日，我国已经是世界第二大经济体、第一工业大国、第一货物贸易大国、第一制造大国、吸引外资第一大国和对外投资大国，我国外汇储备连续多年位居世界第一。中国人民初步实现了从站起来、富起来到强起来的伟大飞跃，在现代化建设的历史征程中迈出了坚实的一步。

在为发展成就备感自豪的同时，也要清醒地看到，我国的发展程度与世界先进水平间仍有不小差距。中国是名副其实的世界大国，但还不是世界强国。虽然我国的GDP总量位居世界第二，但人均GDP不到美国的六分之一，还属于中等收入国家。虽然我国是制造业第一大国，但许多制造业的关键核心技术都掌握在他国手中，很多高科技产品，如电脑、手机等核心零部件高度依赖国外企业。我们目前尚处于全球产业链分工的中低端，是产品价值链中附加值较低的部分，总体上还不具备进入全球高端产业链和价值链的实力。我国的发展方式较为粗放，可持续性不强，经济增长的质量和效率都不高，不平衡不充分的发展与人民日益增长的美好生活需要不相适应，我们要由世界大国发展成世界强国，就必须彻底解决上述难题。

习近平总书记深刻地指出："我们现在所处的，是一个船到中流浪更急、人到半山路更陡的时候，是一个愈进愈难、愈进愈险而又不进则退、非进不可的时候。改革开放已走过千山万水，但仍需跋山涉水，摆在全党全国各族人民面前的使命更光荣、任务更艰巨、挑战更严峻、工作更伟大。"① 但无论困难有多大，我们都没有理由半途而废，也绝不能有丝毫犹豫不决、徘徊彷徨。我们必须振作精神，凝聚各方力量，冷静应对外部变化，集中精力抓创新，全力以赴谋发展。

现代化建设是一项系统工程，涵盖经济、政治、文化、社会、生态各个方面，需要统筹规划，整体推进。但上述五个方面在现代化建设中的地位和作用又是不同的，需要分清轻重缓急。其中，经济现代化处于基础地位，对整个现代化建设具有决定性作用。现代化建设成败的关键在于能否实现经济现代化。因此，推进现代化建设必须把经济现代化作为重中之重。

习近平总书记强调，国家强，经济体系必须强。对于今天的中国而言，只有建设现代化经济体系，才能使我国经济发展方式从规模速度型转向质量效率型，发展动力从主要依靠资源要素投入转向依靠创新驱动，才能使我国经济结构不断优化升级，从而推动中国经济持续健康高质量发展，使我国由经济大国转变为经济强国。

只有建设现代化经济体系，才能为我国全面实现现代化创造充裕的物质条件，才能把我国建设成为富强民主文明和谐美丽的社会主义现代化强国，成为综合国力和国际影响力领先的国家，并最终确保"两个一百年"奋斗目标顺利实现。

---

① 习近平：《在庆祝改革开放40周年大会上的讲话》，《人民日报》2018年12月19日。

第一章
现代化经济体系概念解读

第一节　经济体系

一、经济体系的内涵和发展阶段

（一）经济体系的内涵和特点

经济体系虽然是一个经常使用的概念，但至今还没有一个清晰、明确且被广泛接受的定义。但在较为宽泛的意义上，经济体系的含义是一个社会中相互联系、相互影响、相互制约的经济活动的总体。经济体系突出强调社会经济活动的系统性、结构性和整体性。它表明，社会经济活动虽然复杂多样，但这些活动并不是简单排列或堆积在一起的，也不是杂乱无章的"混沌体"，而是按照一定规律、一定结构组织起来的有机整体。不同行业或部门、不同地区在经济体系中处于不同地位，承担着不同功能，完成不同的经济活动，它们之间相互协作，共同推动人类社会经济活动的顺利进行，保障人类的生存和发展。

虽然在人类社会发展的不同时期或阶段，在不同国家、不同制度条件下，经济体系的具体内容存在差异，但所有经济体系的任务或目标都是相同的，即都是在一定的技术条件下，通过对生产要素的合理分配和使用，生产出满足社会大众需要的产品和服务，并按照一定规则把它们分配到不同人群中，供他们支配使用。

经济体系具有以下几个特点。

第一，经济体系是以社会分工为基础的。社会分工是指不同社会人群从事不同的生产活动，为社会提供不同的产品或服务。分工根据不同生产者的体力和智力特点，把他（们）分配到最适合的生产环节中，只从事局部的生产活动。由于劳动者从事的是自己擅长的工作，并且通过重复劳动提高了劳动的熟练程度，从而提高了社会总体的生产效率。不仅如此，由于生产活动是长期、重复进行的，人类通过总结经验能够改进生产方法或手段，并逐步走向专业化，从而进一步提高了生产效率。因此，人类社会几乎从诞生之日起就形成了一定的社会分工，例如在早期的旧石器时代，原始群落内部根据不同性别的生理和体质特征，形成初步的生产分工：男性身体健壮，主要从事狩猎活动；女性身体相对柔弱，主要从事采摘活动。社会分工使得社会经济活动划分为不同种类，这些活动相互补充、相互配合，构成了社会经济活动的整体，这就是经济体系。如果没有社会分工，所有人都从事相同的生产活动，社会成员之间就不可能形成经济上的联系。尽管大家生活在同一空间或区域中，但由于缺少内在联系，形不成一个体系，谈不上是一个整体。一个社会分工越深入，经济体系就越复杂，经济效率就越高。从某种意义上讲，人类社会发展进步的过程就是社会分工不断深化、社会经济体系不断拓展的过程。马克思和恩格斯深刻地指出："一个民族的生产力发展的水平，最明显地表现于该民族分工的发展程度。任何新的生产力，只要它不是迄今已知的生产力单纯的量的扩大（例如，开垦土地），都会引起分工的进一步发展。"[①]

第二，经济体系是一种结构。在分工基础上，一个社会内部形成多种类型的经济活动，这些活动按照一定的规则联结起来，相互配合、相互制约，形成一定的结构，发挥为人类生存发展提供产品和服务的总体功能。即使是最简单的社会分工，也是按照一定规则组织起来的，否则就无法保证总体功能的有效发挥。我们常说中国封建社会是一种

[①]《马克思恩格斯文集》第1卷，人民出版社2009年版，第520页。

自给自足的自然经济，家庭内部男耕女织，社会分工程度低，经济联系不紧密，因而生产力不发达。但即使是这种不发达的经济，其内部也有明确的社会分工，形成了一定的经济结构。虽然粮食和衣服大体可以在家庭内部实现自给，但像油、盐、酱、醋等生活用品还是要从专门的生产者那里取得，锄头、犁耙等生产工具也要从专门从事农具生产的手工业者那里购买，这表明不同社会群体之间的经济联系依然存在，并按照市场交换规则形成一定的经济结构，组成一个整体，这就是经济体系。在现代经济活动中，分工深化使得经济活动高度专业化，经济联系十分紧密，不同群体之间具有高度的相互依赖性，由此形成高度复杂的经济结构。因此，现代化经济体系是一个十分庞杂但结构严密的整体。

第三，经济体系是一个经济活动的整体。虽然人类社会的经济活动复杂多样，但这些活动是按照一定规则内在地联系在一起的，是一个有机的整体。所有经济活动只服从一个最终目标，那就是为全体社会成员提供消费产品。每一个经济活动都是实现这一目标的不可或缺的环节或组成部分。尽管不同群体的具体生产活动具有相对独立性，但它不可能脱离其他活动而独立存在。不仅它的劳动成果主要是为了满足别人的需要，而且群体成员自己的生活需要也要靠别人的劳动来满足。这种相互依赖的经济联系组成一个网络，把整个社会经济活动联结成一个整体。其中任何一个环节出现问题，都会影响到其他环节，乃至所有社会成员，真正是牵一发而动全身。现代经济体系是一个全球经济活动相互联系、相互制约的高度复杂的整体。全球经济一体化实质上就是全球经济整体化。不同国家或地区在经济上的相互联系一方面深化了全球分工，极大地促进了全球经济的发展；另一方面也使得国家间经济上的相互依赖增强，加大了经济风险。2020年新冠肺炎疫情在短时期内演变成全球性的公共卫生危机，并导致全球经济严重滑坡，就是一个突出的例证。

（二）经济体系的基本结构

尽管不同的经济体系的组成部分各不相同，内部结构的复杂程度也有高低之分，但所有的经济体系形成和发展的基本逻辑是相同的，即满足全体社会成员对维持生存和发展的产品和服务的需要。从理论上讲，任何社会的经济活动都可以看作由生产和消费两大部分组成，生产是经济活动的起点，消费是经济活动的终点。

现实的人类经济活动则要复杂得多。所有的人类社会，其经济活动都是建立在分工的基础之上，社会内部不同的经济活动之间不仅存在协作关系，而且还涉及不同社会群体之间的利益分配。经济体系不仅仅是一个产品和服务的供给体系，还是一个利益分配体系。因此，一个社会的经济体系除了有生产和消费，还延伸出分配和交换两个环节。从大的方面看，所有社会的经济体系都是由生产、分配、交换、消费这四个环节组成的，四个环节相互促进，相互制约，共同保证了经济体系的顺畅运转。

生存资料的生产是人类社会的起点和基础，分配、交换和消费都是以生产为前提的。马克思和恩格斯指出："一当人开始生产自己的生活资料，即迈出由他们的肉体组织所决定的这一步的时候，人本身就开始把自己和动物区别开来。人们生产自己的生活资料，同时间接地生产着自己的物质生活本身。"[①] 人类社会生产力发展水平的高低，社会的富裕、文明和进步程度，归根结底是由生产环节决定的。我们用 GDP（国民生产总值）来衡量一个国家或地区的经济发展水平，其实考察的就是生产能力。生产决定着分配、交换和消费。简单地讲，

---

① 《马克思恩格斯文集》第 1 卷，人民出版社 2009 年版，第 519 页。

一个社会一个时期内能够生产出的财富（物质产品和服务）内容和总量决定着每个社会成员可以分配到的财富内容和数量，也决定着可供交换，乃至消费的财富内容和数量。但是从另一方面看，分配、交换和消费这三个环节不是被动地服从于生产环节，它们也能够影响和制约生产活动，对生产环节产生反作用。

首先，生产受到分配的制约，生产要素的分配是生产活动开展的前提。生产要素的配置合理与否会在很大程度上影响到生产的效率。现代经济学的主要目标就是在一定技术条件下实现资源的优化配置。

其次，交换的深入和市场的扩大不仅通过分工深化而促进生产力的发展，还通过扩大要素、产品和服务配置范围和种类优化配置效率，提升消费者的总体福利。在一定条件下，交换反过来决定生产。亚当·斯密认为，市场范围决定分工程度，从而决定生产。现代市场经济的显著特征就是伴随着市场功能的急剧扩张，交换环节取代生产环节成为社会经济活动的主导性、支配性环节。

最后，消费的种类和数量决定着生产的方向和目标，也制约着分配和交换的内容及方式。消费是生产的最终目的，生产是为消费服务的，生产必须服从消费。分配和交换是为了消费，是消费的前提，分配和交换是根据消费需要开展的。

总之，生产、分配、交换、消费四个环节是相互联系、相互作用的辩证统一关系，它们构成社会生产和再生产的总体过程。

二、经济体系演变发展的三种主要形式

经济活动是人类社会最基本的社会活动。因此，经济体系的演变发展与人类社会形态的演变发展大体上是同步的。尽管经济体系主要关注的是生产力方面，而社会形态考查的是生产关系的演变发展，但是生产关系的发展演变是在生产力发展基础上发生的，生产力决定着生产关系，二者发展演变方向是一致的。经济体系也涉及生产关系的内容，如分配、交换这两个环节都与利益分配直接相关。不仅如此，生产力和生产关系都蕴含于社会生产活动过程中，生产力侧重考查生产的技术水平，生产关系侧重考查生产者的经济关系，二者是同一过程的不同方面。

从另一方面看，生产力发展是一个连续不断的累积性发展过程，这一特点决定了经济体系的变化是一个相对缓慢的渐进过程，而不像生产关系或社会形态那样会在短期内发生剧烈的、革命性的变化。尽管人类社会的存在已经有上万年的历史，其间经历了原始社会、奴隶社会、封建社会、资本主义社会和社会主义社会五个发展阶段，但如果把社会经济活动组织方式的根本性变化作为经济体系阶段划分的依据，人类社会经济体系的演变与经济形态的演变是基本一致的，迄今为止长期稳定地存在过的经济形式有三种：自然经济体系、市场经济体系和计划经济体系。现代化经济体系本质上是市场经济体系的较为完善的形式。

（一）自然经济体系

自然经济体系是以家庭、庄园、部落等为单位配置资源，且主要根据生产单位自身需要安排生产活动的经济体系。它涵盖了原始社会、奴隶社会和封建社会三种社会形态。它的基本特点是：生产的主要目的是满足生产者自身的需要，经济活动的基本特点是自给自足，生产和消费具有直接同一性。中国传统农耕社会中男耕女织的生产方式就是典型的自然经济。自然经济的具体形式高度依赖自然环境，即所谓的"靠山吃山，靠水吃水"，自然经济主要有农耕经济、游牧经济、渔猎经济等形式。在自然经济中，交换活动只是补充，生产者用少量的剩余产品去交换自己无法生产的劳动资料或生活用品。整个社会被分割为一个个范围较小、相对封闭的经济圈。人们的大部分经济活动都局限于经济圈内,分配和消费的物质内容主要是自己生产的产品,比较单调贫乏。不同经济圈之间的经济交往很少,整个社会经济的经济联系较弱,整体性较差。

自然经济体系是建立在社会分工不发达、生产力水平较为落后基础上的经济体系,满足自身的生存需要是生产的主要目的。在自然经济体系中虽然也存在着不同程度的商品交换和货币流通,但它仅处于补充地位。由于产品的商品化程度很低,交换的内容很少,分工也就无法深入,生产者的同质性较强,不同生产者之间无法形成协作关系,因此自然经济是一种联系较为松散、经济活动相对封闭的经济体系。

(二)市场经济体系

市场经济体系是以市场为纽带组织生产活动的经济体系。其基本特点是:生产者直接为市场交换而生产,劳动产品乃至土地、劳动、资本等生产要素以商品交换的方式在全社会范围内进行分配,市场成为组织和调节社会生产的基本手段。市场经济体系既涵盖资本主义社会,也涵盖以市场经济为基础的社会主义社会。

与自然经济体系相比,市场经济体系是真正具有社会整体性的经济体系。第一,从理论上讲,在市场经济条件下,生产要素是在社会经济范围内进行配置的,而不再局限于家庭或庄园等狭小范围,因而更能实现资源优化配置。第二,生产单位是面向市场、面向社会进行生产的,是间接性生产。生产单位的产品不是为了满足自身需要,而是为了满足社会其他成员的需要。劳动产品首先以商品形式出现在市场上,通过与其他生产者的劳动产品进行交换,在满足其他社会成员需要的同时,生产者也获得了自身需要的其他劳动产品。第三,在市场经济条件下，货币不仅仅是交易媒介，而且是主要的生产要素之一，还是商品生产者的直接生产目的。第四，在市场经济条件下，市场机制的作用得到极大拓展和强化。它不仅是协调商品交换的手段，而且是配置生产要素、引导和调节社会生产的基础性工具。如果说自然经济体系中生产是社会经济活动的主导性环节，那么市场经济体系中市场交换就是社会经济活动的主导性环节。虽然自然经济条件下也存在商品生产和商品交换，但商品经济作为自然经济的补充，只处于从属地位。市场机制的价格信号作用和资源配置功能发挥的程度非常有限。第五，市场经济一方面是社会分工深化的产物，另一方面它的发展又极大地促进了社会分工。因此，市场经济体系的内部结构远比自然经济复杂、精巧，其内部联系更加紧密，效率也远高于自然经济体系。

资本主义市场经济与社会主义市场经济虽然都属于市场经济体系的范畴，但二者对市场机制的利用程度是不同的。资本主义市场经济几乎完全靠市场机制的自发作用组织和调节国民经济，国家对经济的干预程度很低，政府干预大多属于被动调节，不会改变市场调节的基本结果。社会主义市场经济在发挥市场机制配置资源的决定性作用的同时，强调要更好发挥政府作用，政府对市场的介入是积极主动的，是在市场调节基础上为社会总体利益和长远发展而对市场调节进行的修正和补充。

（三）计划经济体系

计划经济在其原初意义上是指"人类有意识地自觉地在全社会范围内控制、管理、安排国民经济活动的一种经济运行方式和管理方式。这是马克思主义经典作家根据历史唯物主义的发展观，在对资本主义市场经济各种弊病严厉批评的基础上对未来社会的一种设想"[1]。现实的计划经济体系是指由中央政府和地方各级政府通过生产和分配计划组织社会经济活动的经济体系，其典型形式是20世纪30年代形成的斯大林模式。其特点是在经济领域消灭生产资料私有制，建立公有制；最大限度地消灭商品经济，利用高度集中的国家计划管理和控制国民经济运行。我国从1956年"三大改造"完成后到改革开放前实行的也是计划经济体系，是在学习斯大林模式的基础上，结合战争年代中国共产党组织管理经济活动经验而形成的。虽然我国计划管理的集中程度不像苏联那么高，但计划仍然是管理国民经济的主要手段。计划经济体系有其优势，它利用国家政权的力量，形成巨大的行政动员能力，可以在短时期内集中全国的人力、物力和财力解决一些阻碍国家经济社会发展的重大问题。斯大林时期苏联的快速工业化以及新中国成立后完整工业体系的建立在很大程度上得益于这种举国体制。但这种体制的弊端也十分明显，它过度排斥商品经济，体制僵化，缺乏弹性和应变能力，对各类经济主体缺少激励和约束，不利于调动它们的积极性和主动性，经济效率总体不如市场经济。这也是我国改革开放后逐步放弃计划经济体制的绝大多数做法，向社会主义市场经济体制转变的根本原因。

尽管我国为调动各方面积极性全力以赴发展生产力而从计划体制向市场体制转轨，但依然保留了中央政府对国家未来经济发展进行总体规划的做法，如"五年规划"、关键产业中长期发展规划，等等；保留了国家从宏观上对经济布局进行调控的功能，如西部大开发、振兴东北老工业基地，等等。这表明我们依然能够发挥举国体制的优势，

---

[1] 中国社会科学院经济研究所编：《现代经济词典》，凤凰出版社、江苏人民出版社2004年版，第485页。

实际上是保留了计划经济体制的一些优点，并把它与市场经济体制有机结合，这就是社会主义市场经济与资本主义市场经济的主要区别。

第二节 现代化经济体系

建设现代化经济体系是当前我国转变发展方式、优化经济结构、转换增长动力的关键举措，是跨越发展关口的迫切要求，已经上升为中国发展的战略目标。2018年1月30日，习近平总书记在主持中央政治局集体学习时强调：建设现代化经济体系是一篇大文章，既是一个重大理论命题，更是一个重大实践课题，需要从理论和实践的结合上进行深入探讨。[1]从理论上准确把握现代化经济体系的基本内涵和主要特征是建设现代化经济体系的前提和基础。

一、现代化经济体系的基本内涵

习近平总书记指出：现代化经济体系，是由社会经济活动各个环节、各个层面、各个领域的相互关系和内在联系构成的一个有机整体。[2]习近平总书记的重要论述为我们准确理解现代化经济体系提供了重要指南。要深刻把握现代化经济体系的基本内涵，就需要搞清楚现代化经济体系的基本属性，明确其基本定位。

（一）现代化经济体系的基本定位

从经济活动的基本组织方式这一视角考察，现代化经济体系可以理解为市场经济体系的现代形式或高级阶段，是市场经济体系在现阶

---

[1]《习近平在中共中央政治局第三次集体学习时强调 深刻认识建设现代化经济体系重要性 推动我国经济发展焕发新活力迈上新台阶》，《人民日报》2018年2月1日。
[2]《习近平在中共中央政治局第三次集体学习时强调 深刻认识建设现代化经济体系重要性 推动我国经济发展焕发新活力迈上新台阶》，《人民日报》2018年2月1日。

段中国的具体实现形式，因此它具有市场经济体系的基本属性，它依然强调利用市场机制这只"看不见的手"来配置资源，组织经济活动。从现代化经济体系的具体内容看，它比一般意义上的市场经济体系有更高的要求，是顺应现代生产力发展要求的先进经济体系；是创新驱动和技术不断进步的经济体系；是产业结构不断升级的经济体系。在现代化经济体系中，市场价格机制、供求机制和竞争机制能够充分发挥作用，促进生产要素在不同区域、不同经济主体之间流动，优化资源配置效率，实现不同类型经济主体之间、城乡之间、区域之间的协调发展；推动各类经济主体展开公平竞争，激励创新，从而促进技术进步和劳动生产率的提高，并进一步推动产业升级。

建设现代化经济体系是在中国特色社会主义进入新时代这一时代背景下提出的，是解决新时代发展面临的重大问题的总体方案。当前我国社会主要矛盾已经转变为人民日益增长的美好生活需要和不平衡不充分的发展之间的矛盾，这意味着我国经过四十多年的快速发展，经济供给总量不足的问题已经基本解决，供给质量不高的问题日益凸显，中低端产品供给过剩，高端产品供不应求，供求的结构性矛盾突出。解决新的主要矛盾和突出问题的根本途径，是通过供给侧结构性改革，推动产品升级和产业升级，提升供给质量，推动我国经济从高速增长阶段向高质量发展阶段过渡。而要实现产品升级和产业升级，像过去那样简单地通过增加要素投入是无法做到的。必须把重点放在创新上，通过技术创新和产品创新，推动产业高端化、产品高端化。也就是说要转换增长动力，实现创新驱动。要实现创新驱动，不仅是生产企业和技术研发人员的事，它涉及产业体系的配套、金融产业的支持、市场体系的顺畅流转、经济制度体系的保障、产业结构和区域结构的平衡、收入分配的公平合理、外部环境的安全稳定，等等。这些问题归结到一起，就是要建设一个适应我国现代化经济需要的经济体系，也就是现代化经济体系。它将是中国全面走向现代化的经济基础。因此，我们所说的现代化经济体系，不是指一般意义上的人类社会走向现代化发展阶段必然实行的经济体系，而是特指中国全面建设社会主义现代化国家需要建立的经济运行体系和经济发展体系，是与现代生产力发展需要高度匹配的经济体系，是我国社会主义市场经济在新时代的发展和完善，是我国社会主义市场经济在中国特色社会主义新时代的具体实现形式，它既具备现代市场经济体系的基本特点，又有鲜明的中国特色。这是现代化经济体系的基本定位。

（二）现代化经济体系的基本结构

现代化经济体系是一个有机整体，它涉及社会经济活动的各个环节、各个层面、各个领域。也就是说，现代化经济体系涵盖了现代经济活动的全部内容。不仅如此，在现代化经济体系中，不同环节、不同层面和不同领域是通过经济关联紧密结合在一起的，形成一定的经济结构，总体呈现为一个经济系统。因此，准确认识和理解现代化经济体系，必须把握其内部结构。

中国社会科学院经济研究所所长黄群慧对现代化经济体系的内部结构给出了具体阐释："所谓现代化经济体系是具有现代性的经济系统，具体可体现在经济体系的增长动力、要素结构、运行机制、系统环境、发展目标五个方面，即现代化经济体系是以创新作为经济增长的驱动力，经济增长的源泉是依靠创新带来全要素生产率的提升；具有高端要素集聚和现代产业主导的特征，而且其劳动力、资本和技术等各个生产要素以及各个产业、区域、城乡子系统呈现结构协调性；具有高效配置资源的、成熟的市场化体制机制，体系内各类市场主体公平竞争、具有活力，政府宏观调控政策科学有度；具有动态开放特征，对环境具有很好的适应性;追求实现高质量经济发展目标,保证国家经济具有竞争力和可持续性、包容性的发展。"①

这一论断从一般和个别两个角度阐明了现代化经济体系的基本结构。从一般角度看,现代化经济体系的内部结构主要包括增长动力、要素结构、运行机制、系统环境和发展目标五个方面。所有经济体系的内部结构都可以从这五个方面来描述,因而它具有一般性,揭示了经济体系内部构成的一般状况。从个别角度看,现代化经济体系具有自己独特的结构。

从增长动力看,现代化经济体系是创新驱动的增长,而不是要素投入驱动的增长。创新是现代化经济体系的核心。现代产业体系、市场体系和经济制度等都是围绕创新而形成的。现代化市场体系的先进之处在于它能够形成对创新的最大激励,而创新也反过来推动产业体系、市场体系和相关制度不断升级和完善。

从要素结构和产业特征看,现代化经济体系是主要依靠技术、信息、数据、创意等高端要素集聚形成的现代产业。从西方发达国家的经验看,高端服务业特别是高端生产性服务业在产业体系中的比重逐步提升是现代化产业体系的基本特征。

从运行机制看,现代化经济体系是以完善的、充分发挥作用的市场机制为基础的。政府对市场的干预主要是保障市场机制的有效运作,以及引导市场把资源配置到符合国家总体发展的行业和地区。

从系统环境看,现代化经济体系是一个开放的体系,是对外部环境高度适应的体系。它能够高效对接全球市场,具有应对不同类型市场和文化的能力,以及完善的风险防范机制。

从发展目标看,现代化经济体系集中全部力量提高经济效率,提

---

① 黄群慧:《建设现代化经济体系的路径是什么》,《光明日报》2018年3月2日。

升产品和服务的质量，实现高质量发展。

现代化经济体系也可以从其他视角分析描述，其结论不一定与上述概括完全相同。但上述五个方面可以简明扼要地勾勒出现代化经济体系的基本面貌，涵盖了现代化经济体系的核心内容和本质特征。

二、现代化经济体系的中国特色

习近平总书记指出，我们建设的现代化经济体系，要借鉴发达国家有益做法，更要符合中国国情、具有中国特色。[①] 现代化经济体系是建立在我国社会主义制度框架内的，是社会主义市场经济体系的完善形式，是有效市场和有为政府相统一的经济体系。它不仅具有更高的效率，而且能够确保收入分配的公平正义，符合共同富裕的发展方向，是公平与效率的有机统一。

第一，尽管现代化经济体系本质上是市场经济，但不同于发达资本主义国家的市场经济，现代化经济体系是有效市场和有为政府的有机结合。20世纪80年代以来，新自由主义思潮在西方国家成为主流意识形态，它强调依靠市场自发竞争的力量调节经济，反对政府对市场的干预。但马克思早已阐明，自发的市场竞争必然导致经济运行的盲目性和无政府状态，引发周期性的经济危机。现实反复证明这一点，在资本主义市场经济条件下，经济危机不仅无法完全根除，而且其危害程度有不断加重的趋势。2008年由美国次贷危机引发的全球金融危机和经济危机给世界各国造成重大经济损失。与资本主义市场经济不同，中国建设的现代化经济体系既要发挥市场在资源配置方面的决定性作用，又要更好发挥政府作用。在政府与市场的关系上，我们既强

---

① 《习近平在中共中央政治局第三次集体学习时强调 深刻认识建设现代化经济体系重要性 推动我国经济发展焕发新活力迈上新台阶》，《人民日报》2018年2月1日。

调政府不直接干预市场运行，又重视政府对市场的引导和调节功能。这主要表现在政府通过向市场释放引导性信号，利用市场机制的作用，引导资源向重点行业或关键性行业集聚，从而引领经济发展的大方向，确保经济社会发展重大目标的实现。此外，政府还积极主动地利用货币政策和财政政策等宏观政策工具，对经济实行逆周期调节，确保宏观经济的平稳运行。

第二，现代化经济体系是公平与效率统一的经济体系。纯粹的市场经济的一个重大缺陷是优胜劣汰，赢者通吃，客观上导致收入两极分化，这既不利于社会和谐稳定，也不符合社会主义共同富裕的发展目标。我们要建设的现代化经济体系，既要同我国社会主义初级阶段的社会生产力发展水平相适应，又要体现社会主义制度的优越性。所以我们不可能放任收入差距扩大。我国通过建立和完善企业工资集体协商制度，增加劳动者在企业工资决定过程中的话语权，保障广大职工的基本利益；通过税收和转移支付等国民收入再分配手段，把部分财富由高收入群体转移到低收入群体，缩小可支配收入的差距；通过社会救济和社会福利制度以及各类慈善组织，对老弱病残以及下岗失业人员给予经济支持，确保他们的基本生活。总而言之，在中国特色社会主义新时代，让广大劳动人民分享到更多的发展成果，保障他们过上美好生活，是中国共产党人的初心和使命，也是奋斗的目标。党的十九届四中全会报告对保障劳动人民的经济利益提出更高要求，报告提出要增加劳动者特别是一线劳动者劳动报酬，提高劳动报酬在初次分配中的比重。完善相关制度和政策，合理调节城乡、区域、不同群体间分配关系。重视发挥第三次分配作用，发展慈善等社会公益事业。鼓励勤劳致富，保护合法收入，增加低收入者收入，扩大中等收入群体，调节过高收入，清理规范隐性收入，取缔非法收入。所有这一切就是要在确保经济高质量发展的同时，保障广大劳动人民公平分享发展成果的权利，让创造财富的劳动者分享到更多的劳动果实，充分彰显我们要建设的现代化经济体系的特色和优势。

第二章
面向 21 世纪的中国现代化发展战略

建设现代化经济体系,是以习近平同志为核心的党中央深刻把握21世纪人类科技进步和经济发展方式转变提出的时代要求,是顺应中国特色社会主义进入新时代的新要求,是从党和国家事业发展全局出发、着眼于实现"两个一百年"奋斗目标而做出的重大决策和战略部署。它对于把我国建设成为社会主义现代化强国具有重大战略意义。

第一节 积极应对"百年未有之大变局"的挑战

一、新一轮科技革命带来难得的发展机遇

21世纪以来,以新一代信息网络技术、大数据、人工智能、新能源、新材料、生物技术等为代表的新一轮科技革命呈现出加速发展趋势,不仅极大地推动了社会生产力的发展,也给人类社会生产关系、生活方式和思想观念带来深刻变化。2013年9月30日,习近平总书记在十八届中央政治局第九次集体学习时的讲话中高瞻远瞩地指出,当前,从全球范围看,科学技术越来越成为推动经济社会发展的主要力量,创新驱动是大势所趋。新一轮科技革命和产业变革正在孕育兴起,一些重要科学问题和关键核心技术已经呈现出革命性突破的先兆。物质构造、意识本质、宇宙演化等基础科学领域取得重大进展,信息、生物、能源、材料和海洋、空间等应用科学领域不断发展,带动了关键技术交叉融合、群体跃进,变革突破的能量正在不断积累。国际金融危机发生以来,世界主要国家抓紧制定新的科技发展战略,抢占科技和产业制高点。这一动向值得我们高度关注。2018年7月26日,习近平主席在金砖国家领导人约翰内斯堡会晤大范围会议上的讲话中指出,我们正在经历一场更大范围、更深层次的科技革命和产业变革。大数据、

人工智能等前沿技术不断取得突破,新技术、新业态、新产业层出不穷。2019年10月16日,习近平在向首届世界科技与发展论坛致贺信中指出,当前,新一轮科技革命和产业变革不断推进,科技同经济、社会、文化、生态深入协同发展,对人类文明演进和全球治理体系发展产生深刻影响。以科技创新推动可持续发展成为破解各国关心的一些重要全球性问题的必由之路。习近平总书记关于科技革命对人类社会影响的重要论述为我们深刻理解科技创新对人类社会经济活动的影响提供了重要指南。

白春礼院士认为,科技革命的判断标准主要包括3个方面:科学革命应该显著改变人类的思想观念;技术革命则主要显著改变人类的生产和生活方式;上述两者的影响率和覆盖率都应超过50%。他指出:"人类文明发展到现在,共有五次科技革命。第一次科技革命大概在16世纪和17世纪,它的标志就是近代科学的诞生,这个科技革命的表现有哥白尼、伽利略、牛顿力学等。第二次科技革命在18世纪中后期,标志是蒸汽机与机械革命。第三次科技革命是在19世纪中后期,标志是内燃机与电力革命,出现了内燃机、电机、电讯技术。第四次科技革命是在19世纪中后期至20世纪中叶,以进化论、相对论、量子论等为代表。第五次科技革命是在20世纪中后期,以电子计算机的发明、信息网络为标志,表现为电子技术、计算机、半导体、自动化乃至信息网络的产生。"[①] 白春礼进一步指出:"当今世界科技正处在新一轮革命性变革的拂晓。进入21世纪以来,一些重要科技领域发生革命性突破的先兆已经初显端倪。我个人认为,新一轮科技革命将表现出新技术革命与新科学革命相伴、互动、多点突破的生动景象。它将既依赖现代化进程强大需求的拉动,又源于知识与技术体系内在逻辑的突

---

① 白春礼:《新科技革命的拂晓》,《中国科学报》2012年1月4日。

破和创新。"①

近代以来，科技革命成为推动人类社会发展进步的最重要的力量。每一次科技革命都会催生出新的产业和部门，能够更高效地解决人类生产和生活问题，从而取代传统产业和部门，使人类社会生活的基本面貌发生显著变化。那些引领科技革命的国家和地区由于率先发展起新兴产业，迅速占领了全球市场，从而实现后发赶超，在经济社会领域跃居领先位置。而那些错过了大好发展机遇的国家和地区，则不得不长期处于落后追赶的不利地位。以英国和法国为代表的西欧国家在18世纪工业革命后，生产力水平得到迅速提高，经济发展水平远远超越了当时的中国。但处于清王朝封建统治下的中国依然闭关自守，盲目自大，对近代科技革命的巨大成就既不了解，也不关心。直到第二次鸦片战争，西方列强的"坚船利炮"让一些头脑清醒的官员震惊不已，意识到中国正面临着"三千年未有之大变局"，才开始认真地引进和学习西方科学技术。然而由于各种各样的原因，在20世纪70年代末的改革开放前，我们错过了多次乘科技革命之东风实现经济起飞的机遇。今天，我们再一次站在科技革命的风口，机遇不容再失。2018年5月28日，习近平总书记在中国科学院第十九次院士大会、中国工程院第十四次院士大会上开幕会上发表重要讲话强调，中国要强盛、要复兴，就一定要大力发展科学技术，努力成为世界主要科学中心和创新高地。他特别指出："我们必须清醒认识到，有的历史性交汇期可能产生同频共振，有的历史性交汇期也可能擦肩而过。"② 面对新一轮科技革命同我国产业升级的历史性交汇期这一重大历史关头，我们决不能再让

---

①白春礼：《新科技革命的拂晓》，《中国科学报》2012年1月4日。
②习近平：《在中国科学院第十九次院士大会、中国工程院第十四次院士大会上的讲话》，《人民日报》2018年5月29日。

机遇擦肩而过，一定要百倍努力，占领新技术革命的高地，推进新技术与产业升级的有机融合，努力实现"同频共振"。

近年来，我国在大数据、云服务、人工智能、新能源、新材料、生物技术等众多领域取得了一系列突破，催生和孕育了一大批新产业，如大数据产业、云平台服务产业、新能源汽车、无人驾驶、石墨烯、生物制药，等等。中国已经在很多领域紧跟时代的步伐，有的甚至走在前列。一批龙头产业已经成长起来，与此同时更多的创业企业正处于市场拼搏过程中。目前，中国在经济结构上正处于由工业化向后工业化过渡的关键时期，大力发展新科技革命催生的新兴产业是助推中国产业升级的关键。新兴产业和企业的顺利成长不仅需要领先的技术，而且需要配套的产业体系、灵活多样的融资体系、开放公平的市场体系以及良好的体制和政策支持等。总而言之，建设现代化经济体系是我国抓住新一轮科技革命机遇实现产业跃升的基础性工程。

二、世界经济重心正在发生重大转移

近代以来，伴随着资本主义生产方式的产生和发展，世界经济重心和贸易中心几经转移。14世纪到15世纪，由于工场手工业在地中海沿岸的意大利城邦国家，如威尼斯、热那亚、米兰、佛罗伦萨等地兴盛起来，资本主义生产方式首先在这一地区萌芽。该地区成为当时的世界经济中心和贸易中心。随着印度和美洲的发现，人类进入大航海时代。自16世纪起，世界经济重心转移到大西洋沿岸，葡萄牙、西班牙、荷兰、英国和法国等西欧国家先后领跑世界经济和贸易。18世纪下半叶工业革命发生后，英国成为世界上第一个工业化国家，也是当时世界上经济最发达的国家，号称"世界工厂"。19世纪中期，英国工业产值超过世界总产值的三分之一，钢铁产量占世界的一半，贸易总额占世界的五分之一以上，是全球第一航运大国、贸易大国。维多利亚女王统治期间，英国殖民地总面积超过3000万平方公里，国土面积相当于世界陆地总面积的1/4，英国的殖民地遍布全球各地，号称"日不落"帝国。同时，英国拥有约4亿人口，占世界总人口的25%以上，是世界第一人口大国。19世纪末到20世纪初，第二次工业革命把人类带入"电气时代"，德国和美国经济迅速赶超英法等老牌资本主义强国。随着两次世界大战的爆发，西欧经济遭到严重破坏，美国经济在全球一枝独秀。1940—1944年，美国工业的发展速度年增长率超过15%。"二战"之后，世界经济重心由西欧转移到美国。"二战"结束初期，美国制造业的产出占世界的一半，黄金储备占世界总储备的2/3。以美元为中心的国际货币体系——布雷顿森林体系进一步强化了美国的经济霸主地位。直到今天，美国依然是世界头号经济强国。

导致世界经济重心转移的主要原因，是科技革命推动下新兴产业的崛起，实质上是产业发展方向的改变。18世纪下半叶爆发的第一次工业革命以蒸汽机的发明和广泛使用为标志，它推动了以纺织业为中心的产业体系的形成，如采矿业、交通运输业（铁路），等等。作为工业革命的发源地，英国成为世界的工业中心和贸易中心。第二次工业革命的标志性成果是汽车和电力。汽车、电讯和电器制造等新兴产业率先在德国和美国发展起来，世界经济中心和科技中心也逐步由英国和法国向德国和美国转移。第二次世界大战后爆发了以原子能、电子计算机、航天技术和生物工程技术的发明和应用为标志的科技革命，带动了核电产业、计算机和信息技术产业、生物医药产业等产业的蓬勃发展，作为新技术策源地的美国在上述产业中处于领先地位，从而进一步强化了它作为世界经济重心的地位。

进入21世纪以来，新一代信息技术、人工智能、新能源和新材料等方面的技术取得突破性进展，带动了新业态的产生和快速成长。移动通信、电子商务、新能源汽车、大数据和云服务等新兴产业成为新的经济增长点。中国在上述产业中拥有较强的实力和竞争力。中国是全球最大的消费电子产品生产国、出口国和消费国。2018年，中国生产手机18亿部、生产计算机3亿台、生产彩电2亿台，产量分别占全球总产量的90%、90%和70%以上。2018年，中国电子商务交易额达到31.63万亿元，从业人员达到4700万人，网上零售额突破9万亿元，网络购物用户规模突破6亿人，上述几项指标稳居全球首位。阿里巴巴、腾讯和京东等互联网企业已经居于全球领先地位。2011年，中国的工业产值达到2.9万亿美元，美国为2.4万亿美元，这是美国登上世界工业产值第一宝座以来第一次被其他国家超过。虽然在关键产业和核心技术方面中国与美国仍有很大差距，但中国经济在全球经济中的地位正在持续提升已是一个不争的事实。

随着中国经济的崛起和印度、越南等亚洲国家经济的快速成长，亚洲地区的经济实力不断提升，世界经济重心出现了"自西向东"转移的趋势。华尔街投行摩根大通（J.P.Morgan Chase）2019年发布的一份研究报告指出，过去100年以来，美元一直都作为世界储备货币而主导货币市场，不过，在接下来的十几年，这一局势很可能会发生改变。因为世界经济重心向中国等亚洲经济区转移。亚洲经济区作为一个整体，目前贡献了全球三分之二的经济增长和50%的GDP。①

从全球范围看，进入21世纪以来，随着新兴经济体以及东南亚和非洲发展中国家经济的较快增长，它们与发达国家之间的差距不断缩小，在全球经济中的地位不断上升。按汇率法计算，目前新兴经济体

---

① 新浪财经，http://finance.sina.com.cn/stock/relnews/us/2019-07-25/doc-ihytcitm4593514.shtml?source=cj&dv=2。

和发展中国家的经济总量在全球经济中占比近40%，对世界经济增长的贡献率已经达到80%；如果保持现有的增长速度，10年后新兴经济体和发展中国家的经济总量将接近世界总量的一半。随着新兴经济体和发展中国家经济实力的增强，它们在国际经济活动中的话语权也不断提升，全球经济发展不均衡的局面正在逐步扭转。这种情况是近代资本主义产生以来从未有过的，预示着不合理的国际分工格局将被打破，全球经济贫富两极分化的状况将大大改善，不平等的国际经济交往规则将被更加公平合理的国际经济规则所取代。过去长达500年的少数资本主义国家主导全球经济发展的情景将一去不复返，全球经济均衡发展、共同繁荣的经济格局即将到来。

世界经济重心的转移和全球经济格局的重大调整对中国而言是一个极为难得的发展机遇，抓住发展机遇推进中国全面现代化进程是中国共产党的历史使命。建设现代化经济体系是我国顺应世界发展大势，奠定我国全面现代化建设的经济基础的战略举措。

第二节　筑牢中华民族伟大复兴的坚实基础

一、新中国成立70多年来经济建设的伟大成就为全面实现现代化打下了坚实基础

1949年中华人民共和国的成立，宣告了中国从此摆脱了半殖民地半封建状态，实现了国家的独立自主。中华民族彻底告别了任人宰割、受人欺凌的苦难历史，中国人民从此站起来了。中华人民共和国的成立为中华民族的复兴奠定了坚实基础。新中国成立70多年来，在中国共产党的领导下，经过几代人的努力奋斗，国家建设在各个方面都取

得了巨大成就，迎来了从站起来、富起来到强起来的伟大飞跃。

新中国70多年的经济建设历程可以划分为两个阶段：第一阶段为1949年到1978年；第二阶段为1978年至今。第一阶段属于社会主义建设的探索和尝试阶段。在这一阶段，我们虽然在经济建设过程中出现过一些失误，犯过一些错误，遭受过一些挫折和损失，但总体看，这30年经济社会建设依然取得了巨大成就。比如我们建成了门类比较齐全、独立的、较为完整的工业体系，初步完成了从农业国向工业国的转变，不仅为改革开放新局面的开启奠定了坚实的物质基础，而且培养了一大批素质较高的技术人才，确保了中国在改革开放较短时间内与全球产业体系的有效对接。第二阶段是1978年十一届三中全会开启的改革开放阶段。这一阶段一方面通过改革与经济发展水平不相适应的、僵化的计划经济体制，完成了从计划经济体制向市场经济体制的转轨，为发挥市场机制高效配置资源作用，激发各类经济主体活力建立了体制机制保障；另一方面通过对外开放国内市场，引进国外资金、技术、先进管理经验和经营理念，补充国内经济建设的不足，加快企业经营模式和管理制度现代化进程，同时使中国商品和企业走出国门，走向世界市场，实现了中国产业与全球产业分工体系的对接和融合，促进了中国产业的全面升级，极大地提升了中国企业的市场适应能力和竞争能力。改革开放以来，中国经济实现了跨越式发展，从工业化初期发展到工业化晚期。1979—2018年，我国经济年均增长率达到9.4%，国内生产总值（GDP）由世界第九跃升到世界第二，经济建设成就举世瞩目。

（一）综合国力大幅提升

新中国成立之初，经济十分落后。1952年我国国内生产总值（GDP）只有679.09亿元；1978年，增加到3678.7亿元；2010年，我国GDP

突破40万亿元，达到41.21万亿元，首次超过日本；2018年，中国GDP达到90.03万亿元，已经是日本的2.74倍，稳居世界第二，仅次于美国。按照不变价计算，2018年国内生产总值比1952年增长175倍，年均增长8.1%。党的十八大以来，我国综合国力持续提升，2016—2018年经济总量连续跨越了70万亿元、80万亿元和90万亿元大关，占世界经济比重近16%。

1952年，中国人均GDP只有119元；1978年为385元；2018年，我国人均GDP达到了64644元，接近1万美元，高于中等收入国家平均水平。1950年，中国财政收入仅有62亿元；1978年，财政收入增加到1132亿元，2018年财政收入达到18.3万亿元。1952年年末，中国外汇储备只有1.39亿美元；到1978年年末，外汇储备为1.67亿美元；到2018年年末，外汇储备已经增加到30727亿美元以上，连续13年稳居世界第一位。上述数据很直观地反映了新中国成立70多年来综合国力的显著提升。

表2-1 中国GDP总量、人均GDP及增长率变化（1952—2018）

	GDP总量（亿元）	增速（%）	人均GDP（元）	增速（%）
1952年	679.09		119.37	
1978年	3678.70	11.7	384.74	10.2
2018年	900309.48	6.6	64643.50	9.2

（二）经济结构全面优化

新中国成立70多年来，我国建成了全面、完整的经济体系，产业结构不断提升和优化。第一，农业的保障能力不断提升，粮食基本实现自给。2018年粮食产量达到65789万吨，在1978年的基础上翻了一番多，比1949年增长4.8倍。第二，工业体系完整，结构持续优化。

目前我国已经拥有联合国产业分类中的全部工业门类，工业生产在加快向中高端迈进。从 2011 年起，中国工业产值超过美国，跃居世界第一。2018 年中国工业产值突破 30 万亿元，占全球工业产值的 27%，超过美国和日本之和，成为名副其实的"世界工厂"。第三，服务业水平不断提高，占比不断提升。根据第四次全国经济普查数据，2018 年服务业占 GDP 的比重达到 52.2%，服务业对经济增长的贡献率超过 59%。第四，产业结构不断优化升级。1952 年，中国三次产业增加值占国内生产总值的比重分别为 51.0%、20.9% 和 28.2%，表明中国是一个落后的农业国。到 1978 年改革开放前，三次产业增加值占国内生产总值的比重分别为 28.2%、47.9%、23.9%，与 1952 年相比，第二产业增加值占比提高了一倍以上，这反映了新中国前 30 年工业建设的成就。2018 年，三次产业增加值占国内生产总值的比重分别为 7.2%、40.7%、52.2%，第三产业占比超过一半，说明中国已经进入工业化后期阶段，正在向后工业化阶段过渡。第五，新型城镇化水平和质量不断提升。2018 年年末城镇常住人口为 83137 万人，城镇化率为 59.58%，比新中国成立初期提高了 40 多个百分点。

（三）创新能力大幅提高

新中国成立 70 多年来，我国科技创新能力持续提升，科研体系和制度不断完善，人才队伍日益壮大。新中国成立前 30 年，在科研条件十分艰苦的情况下，我国依然取得了一系列重大成就，如"两弹一星"、世界上首次人工合成牛胰岛素，以及使得屠呦呦教授获得 2015 年诺贝尔生理学和医学奖的重大成就——发现青蒿素治疗疟疾的功效，等等。进入 21 世纪以来，我国科技创新能力显著提高，特别是党的十八大以来，创新成为引领发展的第一动力，我国在载人航天、探月工程、量子科学、深海探测、超级计算、卫星导航等诸多领域都取得了重大成就。2018

年全社会研究与试验发展经费支出达到1.97万亿元，占GDP的2.18%，超过欧盟15国的平均水平。近年来，我国企业创新能力不断增强，涌现出一大批经营理念先进、管理创新或技术创新能力强、在国际同行业居于领先地位的优秀企业，如华为、阿里巴巴、腾讯、京东、百度、拼多多，等等。

（四）对外开放不断深化

新中国成立70多年来，我国坚持独立自主的和平外交政策，积极与世界各国发展友好合作关系。新中国成立前30年，由于国内外多种因素的影响，中国对外开放水平总体较低。改革开放以来，中国主动开放国内市场，吸引外商和外资来中国投资，同时推动中国商品和企业走出国门，中国经济逐步融入世界经济体系，并迅速成长为世界进出口大国。2001年中国加入世界贸易组织以来，对外开放的广度和深度都得到大幅提升。中国以更加积极的姿态参与国际经济合作。2018年货物进出口总额305050亿元，比上年增长9.7%；贸易总量首次超过30万亿元，创历史新高；其中，出口164177亿元，增长7.1%；进口140874亿元，增长12.9%；进出口相抵，顺差为23303亿元。目前中国已经成为全球120余个国家和地区的第一大贸易伙伴，在全球贸易格局中的地位显著上升。同时，中国资本账户开放逐步加快，企业对外直接投资规模逐渐超过外商直接投资规模。2018年中国对外直接投资1430.4亿美元，同比下降9.6%。在全球对外直接投资流出总额同比减少29%，连续3年下滑的大环境下，中国仅次于日本（1431.6亿美元），成为第二大对外投资国。截至2018年年底，中国超2.7万家境内投资者在全球188个国家（地区）设立对外直接投资企业4.3万家，全球80%以上国家（地区）都有中国的投资。与此同时，人民币国际化进程稳步推进，人民币已成为全球第二大贸易融资货币、第六大支付货币，占国际支付全球市场份额2%左右，在全球外汇储备库中的占比超过1%。同时，中国积极参与国际金融治理体系改革，通过成立亚洲基础设施投资银行、金砖国家新开发银行、丝路基金等新兴多边金融机构，打造了多层次、立体化、优势互补的国际投融资体系。党的十八大以来，我国提出并积极推进共建"一带一路"倡议，加强国际经济合作，得到全球160多个国家（地区）和国际组织的积极响应。同时中国政府积极推动构建人类命运共同体，倡导建设相互尊重、公平正义、合作共赢的新型国际关系。通过多层次、全方位参与国际经济活动，中国在国际经济政治事务中的地位稳步提升。

（五）人民群众的生活显著改善

新中国成立70多年来，我国城乡居民收入持续增加，人民生活发生了翻天覆地的变化。1952年，全国居民人均可支配收入仅98元，吃饭问题是首要问题；1978年，人均可支配收入为343元，温饱问题还没有完全解决；2018年，我国人均可支配收入达到2.8万元，比1978年实际增长24.3倍，人民生活已经开始从小康阶段向富裕阶段过渡。新中国成立初期我国居民预期寿命仅35岁，1978年上升到68岁，2018年达到77岁。新中国成立70多年来，特别是改革开放40年来，中国在脱贫方面成就巨大。新中国成立初期，中国处于全面贫困状态；1978年贫困人口仍高达7.7亿，2018年年末，中国贫困人口大幅减少到1660万，农村贫困发生率下降到1.7%。党的十八大以来，脱贫攻坚成效显著。2013—2018年我国农村贫困人口减少了8239万人，其数量相当于德国的全部人口。与此同时，城镇就业状况也不断改善。城镇新增就业人数已经连续6年超过1300万人。2018年年末，整体就业人员增加到7.76亿人。

经过70多年的努力拼搏，中国已经集聚起雄厚的经济实力，建立了良好的经济发展条件，形成了体制机制较为完善、技术水平较为先进的经济体系，具备了向现代化经济体系进一步迈进的条件。

二、中国发展进入中国特色社会主义新时代面临着新的矛盾和问题

党的十九大报告明确指出："经过长期努力，中国特色社会主义进入了新时代，这是我国发展新的历史方位。"[①] 这一历史性定位既是对过去发展成就的总结和肯定，也是对未来发展目标、发展战略和发展方向的深刻把握。党的十九大报告指出："这个新时代，是承前启后、继往开来、在新的历史条件下继续夺取中国特色社会主义伟大胜利的时代，是决胜全面建成小康社会、进而全面建设社会主义现代化强国的时代，是全国各族人民团结奋斗、不断创造美好生活、逐步实现全体人民共同富裕的时代，是全体中华儿女勠力同心、奋力实现中华民族伟大复兴中国梦的时代，是我国日益走近世界舞台中央、不断为人类作出更大贡献的时代。"[②]

新时代是新的历史起点，面临着更大的挑战。经过过去70多年的发展，我们解决了温饱问题，基本实现了小康，开始从小康社会向富裕社会迈进，这意味着我们要努力满足人民群众日益增长的美好生活需要，需要解决新的矛盾和问题。

美国心理学家马斯洛的需求层次理论认为人类的需求由低级到高级分为生理需求、安全需求、社交需求、尊重需求和自我实现需求五个层次。人类首先要满足较低层次的需求。当较低层次需求得到满足后，人类就会追求较高层次的需求，这是人类进步的内在动力，也是人类社会发展的基本方向。马斯洛的理论对于我们理解当前中国发展阶段

---

① 《中国共产党第十九次全国代表大会文件汇编》，人民出版社2017年版，第8页。
② 《中国共产党第十九次全国代表大会文件汇编》，人民出版社2017年版，第9页。

的转变具有重要的启示。新中国成立70多年来，我们经过不断探索和努力奋斗，首先解决了"吃得饱"的问题，即生存问题，然后基本解决了"吃得好"的问题，即健康问题。当吃饭问题总体上解决后，公众就对衣食住行等基本生活问题各个方面的质量提出更高的要求，对社交、娱乐等精神生活也提出新要求。因此，下一步需要解决的问题是"过得好"，也就是对美好生活的追求。公众的总体需求发生了转变，就要求我们满足需求的方式随之发生转变。

正是在这个意义上，党的十九大报告准确地把握中国现实和时代脉搏，提出中国特色社会主义进入新时代，我国社会主要矛盾已经转化为人民日益增长的美好生活需要和不平衡不充分的发展之间的矛盾。报告对新时代人民的新需要作出了总体概括："我国稳定解决了十几亿人的温饱问题，总体上实现小康，不久将全面建成小康社会，人民美好生活需要日益广泛，不仅对物质文化生活提出了更高要求，而且在民主、法治、公平、正义、安全、环境等方面的要求日益增长。"[①]

社会主要矛盾的转变对我国未来发展战略和发展方式提出新的要求。

首先，我国的经济、政治、文化、社会、生态等方面的现实状况还不能完全满足人民日益增长的美好生活需要，需要通过进一步改革、发展和完善来满足人民需要。

从经济方面看，经过40多年的快速发展，人民生活有了很大改善，需求也在逐步升级，对高品质产品或带来更高体验的高档产品的需求快速上升。但是从供给端看，我国大量资源仍集中于中低端产品生产，还在打"价廉物美"的牌。由于供给跟不上需求变化，造成中低端产品产量超出需求，产能过剩，浪费了大量资源。而公众需要的高端产

[①]《中国共产党第十九次全国代表大会文件汇编》，人民出版社2017年版，第9页。

品却生产不足，依赖进口。特别是一些关键装备和高端产品我们自己生产不了，一些核心技术掌握在别人手里，关键时候可能被别人卡脖子，给我国产品升级、产业转型和未来发展带来严重隐患。解决供给和需求的错位，最根本的是通过供给侧结构性改革，加强技术研发和创新，推动产业升级，提升我国的供给能力和水平。

从政治方面看，随着广大人民物质生活的改善，人们对国家公共事务的关注度在逐步上升，民主意识、公平意识、法制意识、参与意识、监督意识和维权意识不断增强。但是中国特色社会主义民主政治在制度建设和政治实践中还有许多不尽如人意的地方，比较突出的如官僚主义、形式主义等，使得党的领导、人民当家做主、依法治国三者的有机统一在我国社会主义民主政治的实践中还没有得到完全、彻底的贯彻落实。因此，我们需要改进和完善政治体制，进一步推进社会主义民主政治制度化、规范化、程序化，切实保障人民群众通过多种方式依法管理国家事务的权利。

从文化方面看，随着人民群众基本物质生活需要的满足，人们的精神文化生活需求不断增加，需要社会提供有思想高度、有艺术感染力、有较强观赏性的高品质精神文化产品，提供有说服力、凝聚力和引领力的、健康向上的价值理念。改革开放以来，我国文化艺术领域百花齐放，成绩斐然，但离人民群众不断提升的精神文化需求还有一定差距。这就需要我们切实弘扬和践行社会主义核心价值观，使其成为中国特色社会主义新时代的价值标准和精神引领；需要我们传承和弘扬中华民族优秀文化传统，使其在新时代焕发出强大生命力，成为塑造民族精神、汇聚各方力量的精神文化资源；需要我们努力把握时代的精神脉搏，创作出反映时代精神面貌的优秀文化作品，满足广大人民的精神文化需求。

从社会方面看，党和国家始终坚持把保障和改善民生作为工作的重点。特别是党的十八大以来，我们把增进民生福祉提到了前所未有的高度。习近平总书记指出："让老百姓过上好日子是我们一切工作的出发点和落脚点。"近年来，我们在解决医疗、教育、养老等老百姓十分关注的重大民生问题方面下了很大功夫，取得了不小成绩；现行标准下9899万农村贫困人口全部脱贫，832个贫困县全部摘帽；在社会治理方面不断改革创新，努力打造共建共治共享的社会治理格局。但是随着广大人民生活水平的提高，他们对优质教育、医疗和养老资源的需求快速上升，他们渴望一个安全、和谐的社会生活环境，他们的参与意识明显增强，因而对社会治理提出新的更高的要求。当前我国社会正处于调整和转换期，社会阶层分化明显，各种矛盾和问题交织，加大了社会治理的难度。我们社会建设现状离广大人民的期望和要求还有距离，需要进一步努力。

从生态方面看，我们在改革开放初期强调发展经济，对生态环境保护重视不够。在经济建设过程中环境污染和生态破坏问题较为严重，引起广大人民群众的不满。党的十八大以来，我国对生态环境的重视程度前所未有，围绕生态文明建设我们党提出了一系列新理念新思想新战略。习近平总书记指出："我们既要绿水青山，也要金山银山。宁要绿水青山，不要金山银山，而且绿水青山就是金山银山。"在这一发展理念的指导下，近年来我国的生态建设和环境保护成效显著，烟尘、雾霾等危害人民健康的污染问题得到很大缓解，生态环境破坏问题从根本上得到遏制，山水林田湖草生态保护修复工程等一系列生态环境保护修复项目全面开展，把经济发展与环境保护对立起来的发展思路也得到根本扭转。但是我们也要看到，我国生态环境破坏问题依然十分严重，环境保护和修复任重道远，与广大人民日益增长的对良好生态环境的需求还有很大差距。在生态环境保护和治理方面，我们不仅不能松懈，而且需要加倍努力。

其次，我国经济发展区域不平衡的问题十分突出，需要着力解决。改革开放以来，资源不断从中西部向东部流动，大量的企业、人力和财力聚集在东部地区，特别是沿海地区，而中西部则地广人稀，发展相对缓慢，经济相对落后。2019年，东部沿海的广东、福建、浙江、江苏、上海、山东6省市的GDP之和突破40万亿元，占中国GDP总量的42.52%，西部的新疆、西藏、青海、甘肃、宁夏、贵州6省区的GDP之和不足5万亿元，仅占全国GDP总量的4.79%，东部6省市的GDP总量是西部6省区的8.87倍。中国区域经济的巨大差距不仅不利于我国经济的整体发展，不符合全面建成小康社会的要求，而且给国家安全带来隐忧。所以，充分发挥新型举国体制的优势，下大决心、花大气力推进西部地区经济发展是一项具有战略意义的工程。2020年5月17日，《中共中央、国务院关于新时代推进西部大开发形成新格局的指导意见》发布，提出加快形成西部大开发新格局，推动西部地区高质量发展的三十六条具体措施。该文件提出覆盖短期和中期的西部地区发展的总体目标：确保到2020年西部地区生态环境、营商环境、开放环境、创新环境明显改善，与全国一道全面建成小康社会；到2035年，西部地区基本实现社会主义现代化，基本公共服务、基础设施通达程度、人民生活水平与东部地区大体相当，努力实现不同类型地区互补发展、东西双向开放协同并进、民族边疆地区繁荣安全稳固、人与自然和谐共生。这一重要文件的出台，对于缩小我国东西部地区发展差距，推动不同区域协调、平衡发展具有重大意义。

最后，我国城乡差距依然巨大，迫切需要改善。目前我国城乡分割的二元结构特征依然十分明显，农村经济社会文化发展水平与城市存在显著差距。城乡收入相差依然巨大，2018年我国城镇居民人均可支配收入为39251元，农村居民人均可支配收入为14617元，前者是后者的2.7倍。城乡教育资源差距十分巨大，农村地区教育资源，特别是优质教育资源十分匮乏，大量农村居民被迫把子女送到城市去借读，这反过来导致农村教育进一步萎缩，恶化了农村的教育条件。城乡医疗差距十分巨大。我国城乡医疗服务在经费投入、人力资源、设施设备等方面都存在明显差距。城乡消费水平也存在明显差距。消费水平主要是由收入水平决定的，城乡收入差距是导致城乡消费差距的关键因素。2018年，我国城镇居民人均消费支出26112元，农村居民人均消费支出12124元，前者是后者的2.2倍。城乡就业机会也比较悬殊。我国农村地区现代化程度低，缺少正规的企业等经营组织以及相应的就业机会，特别是缺少各类专业人才和技术人才的就业机会，导致农村地区人才大量流向城市，进一步加剧了农村的衰落。城乡基础设施及公共服务水平差距较大。2015年，时任中央农村工作领导小组副组长陈锡文指出："根据我们对城乡的基本公共服务和公共投资的研究，如果村是1的话，那么乡是2，镇是3.8，县级市10.7，城市是16.1。"也就是说城市人均的公共服务投入是村级的16.1倍。[①] 城乡差距如果不能缩小，不仅不利于扩展国内消费市场，提高农村居民生活水平，而且从长远看，会给我国粮食供给安全带来隐忧。因此，党的十九大报告指出，农业农村农民问题是关系国计民生的根本性问题，必须始终把解决好"三农"问题作为全党工作重中之重。报告提出实施乡村振兴战略，加快推进农业农村现代化。乡村振兴战略是现代化经济体系建设的重要内容之一。

上述问题形成的根源，是我国经济社会发展水平没有跟上广大人

[①] 梁发芾：《城乡公共服务为何天壤之别？》，《中国经营报》2015年10月24日。

民需求升级的步伐。因此，解决中国特色社会主义新时代所面临的新矛盾和新问题，其根本途径是发展。现代化经济体系是我国社会发展进步的物质基础和根本支撑，建设现代化经济体系是我们当前面临的紧迫任务。

第三节　全面建设社会主义现代化国家的战略支撑

一、建设现代化经济体系是我国经济跨越发展关口的迫切要求

党的十九大报告明确了我国当前的发展方位：我国经济已由高速增长阶段转向高质量发展阶段。从高速增长阶段转向高质量发展阶段，从某种意义上讲也就是从中等收入国家向高收入国家的迈进，从发展中国家向发达国家的跨越。这是一个意义重大、难度也极大的关口。它绝不是在原有基础上量的简单增长，而是质的转变。如果没有实现质的转变，就无法跨越这一关口，就会陷入"中等收入陷阱"。著名经济学家林毅夫指出："从统计数字来看，'二战'结束后，总共有两百多个发展中经济体，到现在为止，只有两个经济体从低收入阶段进入高收入阶段，一个是我国台湾地区，一个是韩国。"[1] 由此可见这一质的飞跃之艰难。对中国而言，要实现这一飞跃，需要实现三方面的根本转变。

（一）发展方式的转变

长期以来，中国的经济增长和发展主要靠增加生产要素投入量来实现，也就是马克思所说的外延式扩大再生产。这种生产方式可以在较短时期内实现经济快速扩张。在我国改革开放初期，广大人民的基

---

[1] 林毅夫：《改革开放40年中国经济增长创造世界奇迹》，《智慧中国》2018年第10期。

本生活需求还得不到满足,数量短缺是主要问题。通过粗放式、外延式增长能够在较短时间内迅速增加产品产量。在工业基础十分薄弱的条件下,可以尽快建立起完整的工业体系。加之我们创新能力不足,缺少先进技术,所以外延式发展几乎是我们的唯一选择。但是外延式增长的弊端十分明显:第一,它依赖要素投入量的不断增加,不具有可持续性。不仅一个国家内部,就是放眼全世界,经济资源的数量也是有限的。单纯靠增加要素投入来推动经济增长很快就会面临资源不足的硬约束,碰到发展的"天花板"。退一步讲,即使资源数量通过加大开发力度暂时可以增加,也会不可避免地随着开发难度增加而导致成本上升,经济效益下降。第二,外延式发展必然加剧生态环境破坏。外延式发展严重依赖资源消耗,资源需求增加要求提高资源开发强度,资源开发强度提高则不可避免地导致资源枯竭和生态环境破坏。这一点在我国过去40年的高速增长过程中表现得触目惊心。众多专家认为,环境问题已经是中国21世纪面临的最严重的挑战之一。[①]进入21世纪以来,我国加大了环境治理力度,虽然环境污染和生态破坏问题得到了很大程度的遏制,但目前我国生态环境问题依然较为突出。第三,外延式增长最终会导致一些行业产能过剩,造成资源错配和浪费。在市场经济条件下,通过外延式增长实现发展的企业始终主要靠增加产量来获取更多的利润,靠扩大市场规模来巩固市场地位,与同行展开竞争。企业追求利润的内在冲动和竞争的外在压力使得它始终有扩张规模的冲动。但是当行业内所有企业的产量之和超过市场总需求时,就必然会出现生产过剩的现象。当它表现为产量超过需求量时,就是产品过剩。这将导致价格下降,企业利润减少甚至出现亏损;当它表

---

① 赵胜玉:《环境问题:中国21世纪面临最严重挑战之一》,人民网,http://www.people.com.cn/GB/huanbao/55/20021203/879867.html。

现为产能利用率下降，企业开工不足时，就是产能过剩，就会导致资源错配和闲置。无论是上述哪一种情况，都会造成资源浪费。近年来我国钢铁、煤炭、建材等传统行业出现产能过剩，本质上反映了外延式增长的致命缺陷。以钢铁为例，一方面，我国普通钢材产能严重过剩，以至于出现了钢铁卖出白菜价的现象；另一方面我国每年都需要进口大量特种钢材。2019年，我国粗钢产量达到9.96亿吨，创历史新高，占世界总产量的一半以上，超过了国内的需求。但同期我国进口钢材仍然达到1230.40万吨，因为有些特种钢材我们生产不了。第四，长期依赖外延式增长会导致技术进步缓慢，生产效率难以提高，竞争力下降。外延式增长不依赖技术进步，比较容易实现，但从长期看，对企业生产效率和经济效益的提高十分不利，也不利于企业竞争力的提高。近年来，我国一些传统制造行业，如钢铁、石化、汽车等效益普遍滑坡，这与技术创新能力弱、产品竞争力不强有很大关系。目前，我国全要素生产率水平仅相当于美国的43%左右，这也是我国大而不强的主要原因之一。第五，如果一个国家长期依赖外延式增长，会降低企业追求技术进步的动力和压力，延缓企业技术进步的步伐。当前，新一轮科技革命正如火如荼地展开，各国正努力抢占技术的制高点。如果我们不能改变以大量的要素投入为基础的增长方式，推动企业开展技术创新，不仅未来难以保持较高的增长速度，甚至可能错过结构调整和科技创新的大好时机。

由此可见，当前中国经济发展到了转折关头，过去粗放的外延式发展方式面临着资源、环境、成本和市场等诸多方面的约束，变得越来越不可持续。未来中国经济要持续向前发展，人民收入要进一步提高，就必须转变经济发展方式，使得经济增长由主要依靠增加要素投入向主要依靠科技进步、劳动者素质提高、管理创新转变。通过提高全要素生产率，实现经济发展方式由外延式增长向内涵式增长、由粗放式增长向集约式增长的转变，是我们唯一的选择。实现这种发展方式转变的关键，是建设现代化经济体系。

（二）经济结构的优化升级

经过新中国成立70多年的发展，特别是改革开放40多年的快速发展，伴随着经济增长，我国的经济结构不断优化升级。从1952年到2018年，我国三次产业增加值占GDP比重分别由51.0%、20.9%和28.2%演变为7.2%、40.7%和52.2%，表明我国已经由前工业化阶段过渡到工业化后期阶段，这一演变趋势与经济现代化的发展规律是一致的，它昭示着我国经济结构的质的飞跃和经济实力的巨大增长。但是时至今日，我国经济结构的调整和优化升级又到了一个新的、重要的关头。

随着我国广大人民收入水平的持续上升，长期支撑我国经济高速增长的优势——廉价劳动力已逐步被削弱，对我国纺织、服装鞋帽、玩具、电子等劳动密集型的传统优势产业产生不利影响。由于越南、菲律宾、印度等南亚和东南亚国家以及埃塞俄比亚等非洲国家的工资水平大大低于我国，国内很多外资劳动密集型企业，甚至一些内资企业，纷纷把生产线向上述国家和地区迁移，并且在国际市场与国内同类企业展开竞争。在中低端劳动密集型产品的国际竞争中，我国已经没有太多优势。要想在劳动密集型产业继续立足，我们只能改变过度依赖廉价劳动力的传统做法，通过转型升级，走产业高级化、产品高端化路线，把竞争优势由"价廉"转向"物美"。既要优化要素投入结构，提高全要素生产率，又要加大研发创新，走高端化、品牌化发展道路。

需要注意的一点是，我国第三产业近年来增长速度很快，其增加值已经超过了GDP的一半。以至于一些人认为中国已经开始从工业社会向后工业社会过渡,既然制造业已经出现产能过剩,就不应再鼓励发展工业,而应把第三产业作为支柱产业。这一观点是值得商榷的。虽然我国第三产业快速增长基本符合产业演进规律,但我们也要清醒地认识到,我们的工业基础虽然比较扎实,体系比较完整,但并不强大。在一些关键性、引领性的高科技产业中,我国与国际先进水平差距很大。我国工业化的任务还没有完成,从工业化向后工业化过渡的基础还很不牢固,条件还不成熟。大力发展现代工业,特别是现代制造业,提升制造业的科技含量和创新能力,才是我们当前优化产业结构的主要任务。关于这一点,有学者做过清醒分析:"从国际经验来看,一般进入后工业化阶段,产业结构才会逐渐转型,且在较长时间内工业增加值还维持在30%的较高水平上。同时,经济发展水平越高的国家,其农业增值份额越低。从我国已有数据来看,工业增加值份额在2006年人均GDP为3069美元(以2010年美元计)时就达到一个局部峰值,达47.56%,同时农业份额保持着非常高的水平,为10.63%。按照工业化阶段划分,我国可能在工业化中期就提前开始了工业向服务业转型。一方面,我国工业增加值的拐点来得过早,过早地去工业化容易带来经济长期的低增长或停滞,陷入'鲍莫尔病';另一方面,我国农业增加值份额和就业份额相对较高,农业就业人口还需进一步释放。"[1]

我国产业结构优化升级是建设社会主义现代化强国这一战略目标的必然要求。改革开放以来,我国根据自己的国情和实际,重点发展产业链中段的加工制造业环节,即中低端劳动密集型产业,如纺织、服装鞋帽、玩具等。这类产业技术要求不高、容易进入,且能够发挥我国廉价劳动力的优势。我们由此进入国际产业分工体系和国际市场,取得了很大成功。但中低端产业资源投入多,收益低,污染和废弃物

---

[1] 张辉:《建设现代化经济体系的突破路径》,《经济参考报》2018年7月4日。

排放量大，综合效益差，导致我国经济大而不强。而处于产业链顶端的研发、设计以及高端制造、服务业则资源消耗少，污染排放小，收益高，但进入壁垒高。长期以来，这些产业主要掌控在少数发达资本主义国家手里。以美国为首的发达资本主义国家凭借先发优势，在高科技领域处于垄断地位。它们凭借雄厚的研究基础和强大的研发设计能力，不断推出新技术、新产品，掌握着新兴产业、关键行业、关键产品的核心技术，掌控着行业标准的制定，控制着大部分关键产品的生产，并引领着科技创新的发展方向。凭借着对核心技术的垄断，它们控制着价值链中收益最高的环节，获取了丰厚的回报，而且对其他国家形成技术统治。这就是目前国际产业分工的现状。中国要真正成为现代化强国，就必须打破少数国家对关键技术和高端产品的垄断，向高端制造业和高科技产业进军，大力发展现代制造业，推动产业升级。

我们必须清醒地认识到，我国推动产业升级，大力发展以现代制造业为重点的高科技产业，不会一帆风顺。中国产业进一步升级就要向高技术产业进军，这势必会触碰到发达国家的利益"蛋糕"。对这些国家而言，要保住自己的"蛋糕"，一定会千方百计地打压中国的高技术产业和企业。2016 年，美国借口中兴通讯向伊朗出口违禁产品，对其实施出口限制措施。2018 年，美国以国家安全为由对华为公司反复打压，并试图联合其他发达国家围剿华为。这些事件的发生具有必然性，这是以美国为首的西方国家有计划、有步骤地阻止中国发展高新科技产业的方案和行动的一部分。2020 年新冠肺炎疫情在全世界蔓延后，美国加快了打击中国高科技产业的步伐。可以预见，未来几年，我们面临的形势将更加严峻。但我们别无选择，必须下定决心，全力以赴推动产业升级，把高科技产业这个短板补起来。

(三)增长动力的转换

人类几千年的发展史表明,推动人类生活水平提高、社会发展进步的持久动力是创新。这一点在近代资本主义产生以来表现得尤为显著。

美籍奥地利经济学家熊彼特是最早用创新解释资本主义经济发展的经济学家。熊彼特认为,经济体系中的创新一般不是从消费端开始,而是从生产端开始的。创新实质上是"生产手段的新组合"[①],他进一步指出:"这个概念包括下列五种情况:(1)采用一种新的产品——也就是消费者还不熟悉的产品——或一种产品的一种新的特性。(2)采用一种新的生产方法,也就是在有关的制造部门中尚未通过经验检定的方法,这种新的方法决不需要建立在科学上新的发现的基础之上;并且,也可以存在于商业上处理一种产品的新的方式之中。(3)开辟一个新的市场,也就是有关国家的某一制造部门以前不曾进入的市场,不管这个市场以前是否存在过。(4)掠取或控制原材料或半制成品的一种新的供应来源,也不问这种来源是已经存在的,还是第一次创造出来的。(5)实现任何一种工业的新的组织,比如造成一种垄断地位(例如通过'托拉斯化'),或打破一种垄断地位。"[②]熊彼特这里讲的创新,既包括技术创新,也包括生产组织方式和制度的创新。从历史经验看,组织和制度创新很大程度上是建立在技术创新基础上的。技术创新是推动经济发展的根本动力。熊彼特虽然分析的是资本主义市场经济,但他也揭示了市场经济的一般规律,对我国社会主义市场经济条件下经济发展战略的选择具有重要的启示作用。

西方经济学经济增长理论的核心理论——索洛增长模型也表明,在经济均衡状态下,人均产出的增长来源于人均资本存量和技术进步,

[①] 约瑟夫·熊彼特:《经济发展理论》,商务印书馆1990年版,第73页。
[②] 约瑟夫·熊彼特:《经济发展理论》,商务印书馆1990年版,第73-74页。

但只有技术进步基础上的全要素生产率的提高才能够导致人均产出的持久性增长。虽然西方经济学具有明显的阶级倾向性，总体上是不科学的，但索洛增长理论所揭示出的增长规律是基本符合现代经济增长的现实的，值得我们认真对待。

中国过去的增长主要是靠要素投入量的增加，在这一过程中当然也有显著的技术进步，这些技术进步主要是通过引进、吸收国外先进技术实现的。当前，从国外引进先进技术难度越来越大，而靠增加要素投入既不可持续，也无法生产出广大人民需要的高端产品。只有转换增长动力，从依靠增加要素投入实现增长转变为通过创新和技术进步提高全要素生产率实现经济增长，才能从根本上解决我们的可持续发展问题。

相关研究显示，2014 年，我国的全要素生产率只相当于美国的 43%。根据北京大学光华管理学院刘俏教授等人的测算，到 2035 年中国基本实现社会主义现代化时，中国的全要素生产率水平即使只是达到美国的 65%，也需要全要素生产率的年均增速超过美国 1.95 个百分点，即未来十五年需要保持每年 2.5% ~ 3.0% 的增速水平。① 这一方面反映了我国的生产效率与发达国家的巨大差距，另一方面也展示了我国全要素生产率提高的巨大空间。

要提高全要素生产率，以创新为基础的技术进步是关键。对此，我国从上到下已经形成共识。党的十八大以来，习近平总书记多次强调创新的重要性。2018 年 3 月 7 日，习近平总书记在参加十三届全国人大一次会议广东代表团的审议时指出："发展是第一要务，人才是第一资源，创新是第一动力。中国如果不走创新驱动道路，新旧动能不能顺利转换，是不可能真正强大起来的，只能是大而不强。" 2018

---

① 刘俏：《疫后复苏：聚焦经济核心逻辑变化》，《北京日报》2020 年 5 月 11 日。

年6月14日，习近平总书记在济南考察浪潮集团高端容错计算机生产基地时指出："创新发展、新旧动能转换，是我们能否过坎的关键。要坚持把发展基点放在创新上，发挥我国社会主义制度能够集中力量办大事的制度优势，大力培育创新优势企业，塑造更多依靠创新驱动、更多发挥先发优势的引领型发展。"近年来，我国基础研究和技术研发投入不断增加，高新技术产业发展势头良好。2019年，我国规模以上工业中，战略性新兴产业增加值比上年增长8.4%，高技术制造业增加值同比增长8.8%，均明显高于第二产业的平均增长率（5.7%）。

创新是一个艰难的过程，需要付出持续不懈的努力。因此，增长动能的转换是一项长期工程、系统工程，它涉及经济体系的各个层面，是一项艰巨的任务。我们只有稳扎稳打，建设完整、良好的现代化经济体系，才能为创新活动提供坚强有力的支撑，为增长动力的转换创造良好的经济环境。

二、建设现代化经济体系是我国发展的战略目标

党的十五大报告首次提出了"两个一百年"的奋斗目标：到建党一百年时，使国民经济更加发展，各项制度更加完善；到世纪中叶建国一百年时，基本实现现代化，建成富强民主文明的社会主义国家。党的十九大报告则更加清晰、更加具体地提出实现"两个一百年"奋斗目标的路线图：在全面建成小康社会的基础上，分两步走在本世纪中叶建成富强民主文明和谐美丽的社会主义现代化强国。到建党一百年时建成经济更加发展、民主更加健全、科教更加进步、文化更加繁荣、社会更加和谐、人民生活更加殷实的小康社会，然后再奋斗三十年，到新中国成立一百年时，基本实现现代化，把我国建成社会主义现代化国家。"两个一百年"的奋斗目标是阶段性目标和总体性目标的统一，

它既着眼于解决关系人民生活的当下问题，又高屋建瓴地规划了基本实现现代化这一具有历史意义的战略目标；既满足人民群众的眼前利益，又追求民族复兴的长远利益；既强调踏实奋斗，又展现雄心壮志。

建设社会主义现代化强国，是我国经济社会发展的中长期战略目标。现代化涵盖了经济、政治、文化、社会以及人民生活的各个方面，是一个综合性的概念。其中，经济现代化是全面现代化的基础和核心，没有经济现代化，其他现代化就缺乏可靠的物质保障。

经济现代化既是经济发展的某种过程，也是经济发展的特定结果。但无论是作为过程，还是作为结果，其核心都是建设现代化经济体系。因此，建设现代化经济体系作为经济现代化的主体内容，内在地包含在社会主义现代化强国这一中长期战略目标当中。

当前，我国经济总量已经名列全球第二，是名副其实的经济大国。目前存在的主要问题是发展的质量和效率不高，大而不强。我国要建成社会主义现代化强国，就需要在做大的基础上进一步做强。从经济层面看，"强"主要表现为资源利用效率高。在这方面，我们与发达国家存在巨大差距。《世界能源统计年鉴2017》数据显示，2016年中国一次能源消费量30.53亿吨油当量，占世界的比重为23.0%；美国一次能源消费量为22.73亿吨油当量，占世界的比重为17.1%。据世界银行统计，2016年我国GDP约为11万亿美元，占全球比重为14.84%；美国GDP为18.03万亿美元，占全球比重为24.32%。中国每万美元能耗为2.78吨油当量，美国为1.26吨油当量。中国单位GDP能耗是美国的2.2倍。中美差距之所以如此之大，本质上是因为二者生产的是两类不同的产品。美国向世界市场提供的主要是技术知识密集型产品，支撑其价值或价格的主要是技术含量，垄断性强，利润空间大，资源消耗在其产品成本结构中占比很小；而中国提供的是劳动密集型产品，垄断性弱，利润微薄，资源消耗等物质投入在产品成本结构中占比较高。这是美国经济比中国强大的关键。中国经济要实现由大到强的转变，就必须转变增长方式，更多地依靠技术进步和全要素生产率的提高来推动经济增长。要做到这一点，就必须建立与创新和技术进步相匹配的经济体系，包括激励创新的机制体制；研发成果产业化的通畅渠道和优良环境，包括资金、人才和配套产业体系等；开放竞争的市场环境和市场体系；完善的收入分配体系和社会保障制度，等等。概括起来，就是要建设现代化经济体系。

当前，我国社会主要矛盾已经发生转变，解决社会主要矛盾的方式也应随之改变，我国经济发展阶段已经由高速增长阶段转向高质量发展阶段，单纯的数量扩张已经不适合经济进一步发展的需要，技术进步基础上的质量提升、效率提升和动力转换成为我们的主要任务。经济发展的战略目标就是要在质量变革、效率变革、动力变革的基础上建设现代化经济体系，通过提高创新能力和技术进步能力，提高全要素生产率，增强竞争力。

从发展过程来看，建设现代化经济体系既是我们当下面临的紧迫任务，也是我们长远发展的战略目标。建设现代化经济体系是一个由初级到高级、由外围到核心的不断深入的过程，需要一步一步地向前迈进。现代化产业体系是现代化经济体系的核心内容和主要支撑，它是建立在先进、完善的技术体系之上的，需要有强大的基础科学研究和研发创新能力作保障。因此，创新和技术进步是建设现代化经济体系的核心和关键。

第三章
马克思主义视域中的现代化经济体系

第一节　现代化经济体系的理论基础

建设现代化经济体系，是以习近平同志为核心的党中央以马克思主义理论为指导，在认真总结国内外经济发展的基本经验、科学研判世界发展大势、准确把握我国发展经济现状和未来走向的基础上，作出的重大战略举措。它具有深厚的马克思主义理论基础。因此，只有运用马克思主义基本原理阐释建设现代化经济体系的准确内涵和战略意义，才能对其有深刻理解。

一、历史唯物主义理论是建设现代化经济体系的理论基础

历史唯物主义认为，社会基本矛盾运动是社会发展的基本动力，它决定着社会经济政治结构的发展变化。马克思对此有清晰的阐述："人们在自己生活的社会生产中发生一定的、必然的、不以他们的意志为转移的关系，即同他们的物质生产力的一定发展阶段相适合的生产关系。这些生产关系的总和构成社会的经济结构，即有法律的和政治的上层建筑竖立其上并有一定的社会意识形式与之相适应的现实基础。物质生活的生产方式制约着整个社会生活、政治生活和精神生活的过程。不是人们的意识决定人们的存在，相反，是人们的社会存在决定人们的意识。社会的物质生产力发展到一定阶段，便同它们一直在其中运动的现存生产关系或财产关系（这只是生产关系的法律用语）发生矛盾。于是这些关系便由生产力的发展形式变成生产力的桎梏。那时社会革命的时代就到来了。随着经济基础的变更，全部庞大的上

层建筑也或慢或快地发生变革。"①

历史唯物主义理论从生产力与生产关系、经济基础与上层建筑这两对社会基本矛盾运动规律出发,揭示出人类社会经济活动、社会政治活动和社会意识活动作为社会活动的不同层次是一个相互联系、相互制约的统一整体,三者之间相互作用,共同塑造了社会的总体面貌。其中,社会经济活动是人类社会最基本的活动,它决定着社会政治活动和社会意识活动,而社会政治活动和社会意识活动对社会经济活动产生一定的反作用,影响和制约着社会经济活动。

准确理解社会基本矛盾原理,需要把握以下几点。

第一,生产力是社会存在和发展的最终决定力量。生产力是指人类通过改造自然获取物质生活资料的能力。物质资料的生产是人类社会存在和发展的起点和基础。物质资料的生产能力,即生产力不仅决定着社会成员所享有的生存资料和发展资料的丰裕程度,而且还决定着社会生产过程中不同类型劳动者之间的经济关系,即生产关系,以及建立在生产关系(经济基础)之上的国家政治组织、政治法律制度和社会意识形态,即上层建筑。人类的物质文化生活水平高低,根本取决于生产力的发展程度;社会的文明进步程度,也最终取决于生产力的发展水平。生产力是一个由诸多生产要素结合而成的系统。其中既包括劳动者、劳动资料和劳动对象等实体要素,也包括科学技术、组织管理等非实体要素。随着生产力的发展和社会分工的深化,生产活动的环节越来越细化和专业化,生产力的构成要素也越来越丰富。在现代生产活动中,科学技术对生产的贡献越来越大,其作为生产力要素的地位越来越突出。我们提出要转换发展动力,建设现代化经济体系,就是要大力加强创新和科技进步对生产力发展的作用。

---

① 《马克思恩格斯文集》第2卷,人民出版社2009年版,第591–592页。

第二，生产力决定生产关系（经济基础）和上层建筑，但另一方面，上层建筑和生产关系也反作用于生产力。生产力发展水平决定着社会分工状况，处于社会分工不同环节、不同位置的人群之间形成不同的经济利益关系，本质上是社会收益在不同人群之间的分配关系，如资本家与工人的经济关系、商品生产者与商品销售者之间的经济关系，等等。这些经济关系的总和就是生产关系。马克思和恩格斯指出："分工的各个不同发展阶段，同时也就是所有制的各种不同形式。这就是说，分工的每一个阶段还决定个人在劳动材料、劳动工具和劳动产品方面的相互关系。"[1]这里的所有制指的就是生产关系。当占统治地位的经济关系（经济基础）以法律、规章等制度形式确立下来，并由相应的国家机构来实施和维护这些制度时，就形成了政治上层建筑；当这些经济关系和相应的政治上层建筑体现在社会意识中，就产生了社会意识形态（思想上层建筑）。上层建筑和生产关系虽然是由生产力决定的，但它们不是被动地服从生产力的要求，而是会对生产力产生反作用。例如，当社会的利益分配结构较为公平合理时，就能够激励和调动社会各个阶层努力创造财富的热情，推动生产力的快速发展，同时，人们在思想观念上和社会舆论领域，对于相关的法律制度给予积极评价和支持。如果社会利益分配结构与人们的劳动付出完全脱节，利益分配极不公平合理，往往会引发社会劳动阶层的消极抵制，以及各种机会主义行为，社会舆论也会表现出不满情绪，相应的法律制度也经常无法得到遵守和执行，这不仅增加了社会运行成本，而且破坏了生产力的正常发展。也就是说，当上层建筑和生产关系适应生产力发展需要时，会促进生产力的发展，否则会阻碍生产力的发展。在现代化经济体系建设中，我们既有现代化产业体系建设这样的生产力目

---

[1]《马克思恩格斯文集》第1卷，人民出版社2009年版，第521页。

标，也有收入分配体系和机制体制方面的生产关系和上层建筑建设目标，就是要建设与现代化的生产力相适应的生产关系和上层建筑。

第三，人类社会是一个内部各层次、各环节相互联系、相互制约的统一整体。人类社会是一个构成要素多样，组织结构复杂的庞大系统，其基本构成包括社会经济结构、社会政治结构和社会意识结构。社会经济结构是指一定社会的物质资料生产方式，是生产力和生产关系的统一体，它是一个社会最基本的社会结构；社会政治结构是指一定社会的政治制度和相应的组织设施，也就是政治上层建筑；社会意识结构是社会精神生活的总和，其中由经济基础所决定的、反映占统治地位阶级意志的社会意识就是意识形态。社会基本矛盾实质上反映的是社会不同结构之间的内在联系，揭示出社会的整体性。任何一个要素、一个环节的调整变化，都会受到其他要素、其他环节的影响和制约。社会的发展进步是不同社会结构之间相互促进的结果。因此，发展社会生产力，绝不仅仅是优化生产要素配置、提升要素质量等生产力自身的问题，它还受到生产关系和上层建筑的制约，是一个整体性、系统性的问题。建设现代化经济体系就是从系统、整体出发，根据时代特点提出的发展现代生产力的战略举措。

二、建设现代化经济体系是一项系统工程

建设现代化经济体系，其目标是主要依靠创新和科技进步，发展现代生产力，进一步做强中国经济。历史唯物主义告诉我们，发展现代生产力是一项系统工程，受到多方面、多层次因素的制约。因此，必须从社会经济活动的整体出发来通盘考虑和安排。现代化经济体系是发展现代生产力的整体方案，它涵盖生产力、生产关系、上层建筑三个层次，内容涉及这三个层次的多个方面，它们相互联系、相互促

进,又相互制约,构成一个系统化的整体。因此,建设现代化经济体系,必须从生产力、生产关系、上层建筑三个方面综合考虑,在做强生产力的基础条件的同时,通过深化体制改革,调整和完善相关法律制度等上层建筑,形成与发展和现代生产力要求相适应的生产关系。从社会基本矛盾原理的一般要求看,建设现代化经济体系,发展现代生产力,需要具备以下几个基本条件。

(一)现代生产要素体系

生产要素是形成生产力的基础元素,培育现代生产要素体系是建设现代化经济体系的基础。生产要素体系现代化是指在生产要素构成中,代表生产力发展方向的新型生产要素占比不断增加,所发挥的作用不断加强。生产力的实体要素包括劳动者、劳动资料和劳动对象三个方面,它们是任何社会生产活动都必须具备的基本要素。生产要素的具体内容随着经济社会的发展进步而不断丰富和扩展。在前资本主义社会,人类利用自然和改造自然的能力十分有限,劳动者和劳动对象(土地)是最主要的生产要素,作为劳动资料的生产工具十分简陋、粗糙。随着商品经济的发展,资本作为一种独立的生产要素逐渐发展起来。资本是在货币职能基础上衍生和发展起来的一种特殊生产要素,它本身不直接参与生产活动,但通过联通和促进交易活动,实现生产要素的优化组合,促进了规模化、专业化、商品化生产,从而极大地推动了生产力的发展。在前资本主义社会,土地是最重要的生产资料;到资本主义时代,资本取代土地成为最重要的生产资料。在商品经济的基础上,资本所有者逐步建立以雇用劳动为基础的资本主义生产方式,从而控制了社会生产和再生产过程,并据此获取剩余价值。

资本主义条件下资本家追求剩余价值的内在动力和竞争的外在压力使得他们千方百计地提高劳动生产率,以降低自己产品的个别价值,从而获取超额利润,并在竞争中占据优势地位。现代科技在生产中的作用越来越重要。现代科技革命不仅使人类对自然的认识得到极大深化,而且使人类利用自然、改造自然的能力得到突飞猛进的发展。蒸汽机等动力装置的发明,极大地提升了人类的"力量",机械动力驱动的大型成套机器装备彻底改变了人类的生产方式,生产工具成为最重要的生产要素,与生产工具的操作使用相关的各种知识和技能作为生产要素加入生产过程中。在马克思所处的机器大工业时代,生产要素就已经远比传统农耕社会丰富。针对当时的生产力发展状况,马克思指出:"劳动生产力是由多种情况决定的,其中包括:工人的平均熟练程度,科学的发展水平和它在工艺上应用的程度,生产过程的社会结合,生产资料的规模和效能,以及自然条件。"[①]从马克思的论述中我们可以清楚地看到,由科学技术发展带来的新生产要素已经广泛地应用于生产过程中,工人的平均熟练程度是指操作机器设备的熟练程度,这主要与工人对相关知识的理解和掌握运用有关。知识虽然是附着在劳动者身上的,但它是一种独立的、非实体的生产要素。科学的发展水平和它在工艺上应用的程度反映了科学知识基础上的技术这一新生产要素的重要性,技术也是一种独立的、非实体的生产要素,它附着于机器设备或劳动者身上。生产过程的社会结合、生产资料的规模和效能反映的是一个生产组织的管理能力,管理作为独立的、非实体的要素的作用也已经凸显出来。

第二次世界大战后,科技革命突飞猛进,极大地深化和拓展了人类的经济活动方式。随着科学知识和技术在生产活动中的广泛使用,制造一件产品的产业链越来越细化,分工越来越深入,生产环节越来越精细化、专业化。与产业链分工不断深化相伴的,是产品价值增值

---

① 《马克思恩格斯文集》第 5 卷,人民出版社 2009 年版,第 53 页。

部分在产业链不同环节之间的分割,也就是通常所说的价值链。从价值分割情况看,附加值较高的是处于产业链两端的研发设计和销售服务环节,而处于产业链中部的制造环节往往附加值相对较低。究其原因,是因为在产品加工制造环节投入的主要是资本、劳动力等常规生产要素,生产的技术要求不高、可替代性强、议价能力差。而处于产业链开端的研发设计其要素投入主要是知识、技术和创意等高端生产要素,要素培育成本高、风险大、技术垄断性强,因而利润率相对较高。处于产业链终端的销售服务环节附加值高,是因为它体现的是品牌价值和渠道价值。

从全球产业分工格局看,发达国家在知识、技术、创意等高端生产要素的培育和市场竞争方面处于绝对领先地位,因而能够控制着全球产业链和价值链的高端,对处于价值链低端的其他国家进行控制,从而获取丰厚的收益。

进入21世纪,随着以物联网、大数据、人工智能、5G技术为代表的新一代信息科技革命蓬勃发展,数据作为一种新型生产要素其重要性日益凸显。数据不是一个简单的数字,它是关涉对象某个方面或某些方面的信息,是量化的、精准化的信息。这对于企业提供个性化定制服务,提高生产和服务的精准性,降低成本具有重要的作用。例如,当一个销售平台数据汇集了消费者的大量消费数据时,就可以通过对这些数据的挖掘、分析,实现精准匹配、营销推送、流行预测等更高级的功能,可以帮助制造企业降低物流和库存成本,增加产品的用户匹配度,优化资源配置,减少生产资源投入的风险。数据要素创造价值有三种模式:资源优化(优化传统要素资源配置效率)、投入替代(替代传统要素的投入和功能)、价值倍增(提升传统单一要素生产效率)。[①]近年来,我国以数据采集、数据挖掘和数据分析使用为核心的数字经济发展迅速。2018年中国数字经济规模达4.73万亿美元,位列全球第二。2020年3月发布的《中共中央、国务院关于构建更加完善的要素市场化配置体制机制的意见》中把数据作为与土地、劳动力、资本、技术相并列的生产要素,提出要推进政府数据开放共享,提升社会数据资源价值,培育数字经济新产业、新业态和新模式。这对于推动我国数据要素的有效利用具有重要促进作用。

上面分析了土地、劳动力、资本、技术、管理、数据等生产要素,这当中既有土地、劳动、资本等传统生产要素,也有技术、管理、数据等现代生产要素,这些要素共同构成了现代化生产要素体系。现代化生产要素体系并不排斥传统生产要素,与传统生产方式不同的是,现代化生产专业化更强,因而包括了更多新的生产要素。现代化生产要素体系是一个开放的、不断发展的体系,随着人类利用自然、改造自然能力的不断提高,这一体系的内容也会不断地丰富和扩展。生产的现代化程度越高,新型的、现代化的生产要素在生产活动中的使用比例就越高,发挥的作用也越大。

(二)现代产业体系

生产要素要转化为现实的生产力,就必须投入生产过程。现代生产活动是以企业形式组织起来的。由于企业之间存在着紧密的分工协作关系,它们相互联系、相互制约、相互促进,形成一个统一整体,即产业体系。产业体系内部包括农业、采掘业、建筑业、制造业、服务业等众多的产业部门,形成了一定的产业结构。从产业结构演进规律

[①]《安筱鹏:数据要素创造价值有三个模式》,人民网财经频道,http://finance.people.com.cn/n1/2020/0522/c1004-31720064.html。

看,随着社会生产力的发展进步,社会的主导产业从第一产业(农业等)转移到第二产业(采掘业、制造业、建筑业等),并从第二产业逐步向第三产业(服务业等)转移。配第—克拉克定理表明社会就业结构的演变也有相同的趋势,即随着生产力的发展和人均国民收入水平的提高,劳动力首先由第一产业向第二产业转移,然后再向第三产业转移。发达国家产业结构演变的历史也是符合上述规律的。美国服务业的就业人数占总就业人口的比重1929年为40%;1967年上升到55%;1980—1983年,美国新增就业人口几乎全部在服务业部门,服务业就业人数占全国就业总人数的72%以上。[①] 根据美国商务部经济分析局的数据,1950年,美国第三产业增加值占GDP的比重为58.16%;1960年,这一比重上升到62.61%;1970年为66.60%;1980年为67.44%;1990年为73.00%;2000年为76.60%;2010年为79.08%。美国第一产业增加值占GDP的比重1950年为6.63%,2010年下降到1.07%;第二产业增加值占GDP的比重1950年为35.21%,2010年下降到19.85%。

产业体系现代化不仅表现为产业结构的变化,还表现在产业内部不断由粗放向集约、由要素投入驱动向创新和科技投入驱动、由低端产业为主向高端产业为主的转变。以美国为例,美国第一产业增加值占GDP的比重目前已经下降到不足1%,但美国用占全世界13%的耕地面积,生产了占全世界16%的粮食。在农业内部,种植业和畜牧业的比重大体相当,这两个部门的生产技术和产出效率都在不断提高。在第二产业内部,制造业占比在第二次世界大战后曾高达77.77%,2016年下降到61.94%。制造业由劳动力密集型向着知识技术密集型转变,由中低端制造业向着高端制造业转变的趋势明显。如计算机及电子产品产业增加值在1947年占耐用品产业的整体比重还不到10%,2016年

---

① 陈宝森:《美国经济与政府政策:从罗斯福到里根》,社会科学文献出版社2014年版,第469页。

前后占比已经达到 23% 左右，远高于其他细分行业。第三产业内部，批发贸易和零售贸易的规模占比之和在 1947 年为 26.15%，是第三产业中占比最高的，2016 年二者之和已下降至 16.3%。与此同时，金融保险不动产租赁和专业商业服务等高端服务业占比明显上升。2016 年，这两个产业占第三产业增加值的比重分别达到 15.4% 和 25.5%。① 高培勇等人通过对现代化经济体系与传统经济体系的比较分析指出，现代化经济体系与传统经济体系在产业体系方面的不同主要在于：现代化经济体系是以服务业为主导产业，而传统经济体系中工业是主导产业；现代化经济体系各产业内部高端产业占主导地位，而传统经济体系则是低端产业占主导地位。②

对当今中国而言，建设现代产业体系就是要主导适应产业演进发展的规律，一方面努力顺应产业结构调整，大力发展第三产业，特别是高端服务业等知识、技术密集型产业；另一方面要积极推动三次产业内部升级，抓住新一代科技革命的大好机会，用新一代信息技术改造传统产业，同时大力发展新兴产业，特别是战略性新兴产业，推动产业高端化，最终建成实体经济、科技创新、现代金融、人力资源协调发展的高效率产业体系。

产业体系现代化的最终结果是生产力水平的提高，用经济学指标来表述，就是全要素生产率的提高，反映在劳动者身上，就是人均产出水平或收入水平的提高。这既是我们的奋斗目标，也是社会其他方面发展进步的物质基础。产业体系是社会生产力的存在形式和实现形式，是劳动者、劳动资料和劳动对象结合的具体形式。从社会基本矛

---

① 郭树华、包伟杰：《美国产业结构演进及对中国的启示》，《思想战线》2018 年第 2 期。
② 高培勇等：《高质量发展背景下的现代化经济体系建设：一个逻辑框架》，《经济研究》2019 年第 4 期。

盾这一视角看，产业体系作为生产力的实现形式，既是社会经济变革、政治变革和意识变革的决定力量，又受到生产关系和上层建筑的一定程度的制约。所以，要建设现代化经济体系，重点之一是建设现代产业体系。对政府而言，就是要改革与现代产业体系要求不相适应的生产关系和上层建筑，使之能有效地促进现代产业体系的建设。

（三）公平合理的收入分配体系

收入分配体系是生产关系的重要内容之一。从根本上讲，一个社会的收入分配关系是由其生产力状况决定的，但收入分配关系反过来会对生产力产生反作用。如果收入分配关系与劳动付出、与要素贡献相一致，就会对劳动者和生产要素所有者产生正向激励，促使他们为获得更多报酬而努力发挥各自的功能，从而优化资源配置，提高生产要素使用效率；相反，如果收入分配结构与劳动付出、要素贡献不一致，不仅会对劳动者和其他要素所有者产生反向激励，出现消极怠工现象，而且容易引发机会主义行为，扭曲资源配置，降低生产效率。所以，建设现代化经济体系，需要充分利用上层建筑和生产关系对生产力的反作用，改革与生产力发展不相适应的收入分配关系及相关法律制度，建立公平合理的收入分配体系，发挥收入分配制度对劳动者和生产要素所有者的正向激励作用，提高全要素生产率。

在社会主义市场经济条件下，一方面，要充分发挥市场机制对收入分配的自发调节作用，形成与要素贡献相一致的收入分配体系；另一方面，要充分考虑劳动者的主体地位，突出劳动贡献在收入分配中的主导作用，倡导社会公平，避免出现收入两极分化现象。

党的十九届四中全会首次把当前我国坚持的按劳分配为主体、多种分配方式并存的社会主义分配制度列入社会主义基本经济制度，这是对收入分配制度重要性的高度肯定。《中共中央关于坚持和完善中国特色社会主义制度 推进国家治理体系和治理能力现代化若干重大问题的决定》提出:"坚持多劳多得,着重保护劳动所得,增加劳动者特别是一线劳动者劳动报酬,提高劳动报酬在初次分配中的比重。健全劳动、资本、土地、知识、技术、管理、数据等生产要素由市场评价贡献、按贡献决定报酬的机制。健全以税收、社会保障、转移支付等为主要手段的再分配调节机制,强化税收调节,完善直接税制度并逐步提高其比重。完善相关制度和政策,合理调节城乡、区域、不同群体间分配关系。重视发挥第三次分配作用,发展慈善等社会公益事业。鼓励勤劳致富,保护合法收入,增加低收入者收入,扩大中等收入群体,调节过高收入,清理规范隐性收入,取缔非法收入。"这是对中国特色社会主义收入分配制度的具体表述,充分反映了与建设现代化经济体系要求相一致的、公平合理的收入分配制度的具体内涵。

改革开放以来,我国经济长期高速增长,但在相当长时期内,劳动收入低于经济增长速度,致使劳动收入在国民收入中的比重不断下降。据学者研究计算,从1996年到2007年,我国劳动收入占比持续下降,由51.17%下降至40.87%,下降了10.3个百分点。[①] 劳动收入占比下降不仅导致劳动者无法合理分享经济发展的成果,导致收入分化,而且会严重抑制国内消费市场的成长,对我国经济转型十分不利。建设现代化经济体系,发展现代生产力,其最终目标是提高广大人民的生活质量。如果占人口绝大多数的劳动者收入不能与我国经济同步增长,建设现代化经济体系就是无的放矢。如果利息、地租等资本性收入增长长期高于经济增长速度,会在一定程度上助长食利行为。建设现代化经济体系,其直接目标是推动经济由高速增长阶段向高质量发展阶段过渡,提高劳动投入质量是实现经济高质量发展的重要因素,这在

---

① 柏培文、吴红:《我国劳动收入占比的影响因素分析》,《财政研究》2017年第3期。

客观上也要求提高劳动收入。

除劳动之外的其他生产要素，在我国经济发展过程中也发挥了重要作用。改革开放初期，我国资本极度短缺，因而资本性收入增长快于国民收入增长速度有利于在较短时期内解决我国经济发展的瓶颈问题。当前我国经济要实现高质量发展，必须大力鼓励有助于提升经济效率的生产要素的投入。因此，我们应该充分发挥市场机制的信号作用和调节作用，由市场评价贡献、按贡献决定报酬，让市场根据供求关系的变化，使有利于现代化经济体系建设的技术、管理、信息等质量型生产要素得到相应的报酬，从而激励这些生产要素供给的增加。

（四）规范高效的制度体系

制度体系属于上层建筑。从源头上讲，它是由生产力和生产关系决定的，而绝不是个人或集团意志的产物。但由于制度是国家权力机构制定的，它难免受到阶级、集团等的利益诉求的影响，制度调整的范围、程度以及利益取向有一定的可选择性，因而不同的制度，其最终的利益调整格局是不同的，对不同对象的影响是不同的，并最终通过不同集团人群行为的变化影响到生产力的发展。再加上制度有程度不同的强制性，它对生产力和生产关系有很大的反作用。与生产力和生产关系状况相匹配、反映生产力发展要求的制度体系，对生产力发展有巨大促进作用；违背生产力发展要求及社会主要阶级利益和愿望的制度体系，则会对生产力造成严重破坏。因此，建设现代化经济体系，必须要建设一个与现代化发展要求相适应的、规范高效的制度体系。

在所有制度中，与经济发展直接相关的是经济制度。体现在经济运行层面，就是经济体制。改革开放四十多年来正反两方面的经验都表明，经济体制的核心，是正确处理政府与市场的关系。

从改革开放初期到现在，我们对于政府与市场关系的认识，经历了"市场利用论""市场基础论"和"市场决定论"三个阶段。①2018年1月,习近平总书记在中共中央政治局第三次集体学习时强调:"要建设充分发挥市场作用、更好发挥政府作用的经济体制,实现市场机制有效、微观主体有活力、宏观调控有度。"政府与市场不是简单的替代关系,二者功能不同,目标不同,需要在不同层面有效发挥各自的作用。建立并逐步完善的社会主义市场经济体制,就是有效市场和有为政府的有效结合,这是我国经济长期持续稳定快速增长最重要的制度保障。

建设现代化经济体系,首先要发挥市场在资源配置和直接经济活动中的决定性作用。实践证明,在上述领域市场调节比政府调节更加及时、灵活、有效。市场价格信号能够及时为供求双方提供产销信息,促使他们据此做出更好决策;市场竞争机制推动生产者努力改进生产技术和管理水平,降低综合成本,提高产品市场竞争力,这在客观上会提升整个社会的生产效率和福利水平。但这并不是说在微观市场领域不需要政府,政府的作用不是直接干预市场,而是维护统一、开放、竞争、有序的市场环境。

其次,在中观领域,政府应根据产业发展需要,制定鼓励性或限制性产业政策,扶持和鼓励事关国家安全和长远发展的重大关键技术和面向未来的高新技术的产业化发展,同时对一些不适应未来发展需要的高投入、高污染、高消耗、低效益的产业进行适当限制或提高准入门槛。但政府的产业政策应该是中性的、普惠的,而不是针对特定类型企业。企业根据自身情况和发展需要自由决定如何利用产业政策。

最后,在宏观领域,要充分发挥政府的调节作用,确保宏观经济

---

① 时家贤、袁玥:《改革开放40年政府与市场关系的变迁:历程、成就和经验》,《马克思主义与现实》2019年第1期。

的平稳运行。这主要是通过财政政策、货币政策、收入政策等向市场释放引导性信号，从而调节和引导微观主体的经济行为，实行逆周期调节，避免出现宏观经济大起大落的现象。

总之，建设现代化经济体系需要充分发挥政府在经济发展过程中的积极作用，这是我国社会主义市场经济体制的独特优势。政府既不能像自由主义经济学鼓吹的那样，仅仅扮演"守夜人"角色；也不能像传统社会主义模式那样越俎代庖，直接取代企业和市场。政府不仅要主动服务于企业和市场，而且要适当引领企业和市场，确保企业利益和公众利益以及国家整体利益的一致性。

第二节 现代化经济体系的基本目标

建设现代化经济体系，是推进我国全面现代化进程的重大举措，其基本目标是要解决长期困扰我国的发展质量不高的问题，通过转变发展方式、优化经济结构、转换增长动力，推动经济由高速增长阶段向高质量发展阶段迈进。这一发展战略的选择，是符合马克思主义基本原理的。

一、高质量发展的基本内涵

高质量发展虽然指的是我国面向未来努力实现的一个具体发展阶段，但把它放进人类发展的历史长河看，它又具有一般意义。发展质量的不断提高，正是人类社会发展前进的一般规律。

唯物史观阐明人类社会是一个不断由低级向高级演变发展的进步过程，其发展的根本动力是生产力。马克思阐述了技术变革和生产力发展与社会制度演变之间的内在关系。他指出："社会关系和生产力密切相联。随着新生产力的获得，人们改变自己的生产方式，随着生产方式即谋生的方式的改变，人们也就会改变自己的一切社会关系。手推磨产生的是封建主的社会，蒸汽磨产生的是工业资本家的社会。"①具体到一种社会形态内部，也会随着技术进步和生产力的发展而发生局部性或阶段性的变化，这也是社会发展的一般规律。高质量发展是中国特色社会主义的一个新的发展阶段，是新技术革命不断深化这一大背景下中国崛起必然要进入的发展阶段。与高速增长阶段相比，它具有鲜明的时代特色和更加突出的社会主义特征。具体体现在以下三个方面。

（一）高质量发展是质量和效率的统一

从本质上讲，发展意味着社会物质财富（包括产品和服务）量的增加和质的提升，从而使社会成员的需求得到更大程度的满足。高质量发展一方面指社会发展水平的提高和物质财富结构的提升，社会公众从生活消费品的数量增加阶段发展到品质提升阶段；另一方面是指社会生活环境和自然环境的全方位改善。这是从使用价值层面而言的，它强调的是质量标准。马克思指出："不论财富的社会的形式如何，使用价值总是构成财富的物质的内容。"②但是在商品经济条件下，财富以商品形式呈现，产生了交换价值。对于商品生产者而言，他的财富更多地体现为其所生产的商品能够交换到其他商品的数量和质量，而不仅仅是自己生产的商品本身。这时财富的概念就有了两重内涵：使用价值和交换价值。交换的扩大需要一个统一的交易尺度，于是就形成了作为交换价值一致性基础的价值，并最终固定到贵金属上，成为独立的价值尺度和交易媒介，这就是货币。至此，社会财富的内涵

---

① 《马克思恩格斯文集》第1卷，人民出版社2009年版，第602页。
② 《资本论》第1卷，人民出版社2004年版，第49页。

进一步转变，金钱成为社会财富的主要代表，其作为物质基础的使用价值则被虚化。财富内涵由使用价值到价值的演变是商品经济发展的必然结果，有其积极意义。在市场竞争中，商品生产者要想用自己的产品交换到货币，不仅要在使用价值层面满足货币所有者的需要，而且要求交换的货币数量不能高于同类商品生产者。如果生产成本能低于同类商品生产者，就会获得超额价值。这就会对商品生产者形成外部约束和激励，促使商品生产者通过改进生产技术和管理，提高劳动效率，并最终推动全社会生产效率提高。一般而言，高效率意味着等量劳动生产出更多的产品或使用价值。因此，效率是高质量发展的一个必要条件。

但如果把财富标准单一化为金钱，就是本末倒置，从而降低发展质量。首先，在市场经济特别是资本主义市场经济条件下，对金钱的过度追求往往导致经济过度虚拟化，造成流通领域和金融领域价值空转，投机盛行，产生大量经济泡沫。相当多的虚拟经济虽然从统计数字上形成 GDP 的积累和增长，但真正的社会财富并未增加。当虚拟经济过度泛滥，泡沫破裂时，会引发金融危机和经济危机。这不仅无助于经济发展，反而会损害实体经济的发展。资本主义反复爆发的周期性经济危机正是这种片面性的消极后果。这样的发展不属于高质量发展。其次，财富标准单一化刺激了人们的逐利心理，当这种情况畸形发展时，会走向财富的反面。如制售假冒伪劣商品等各种违法犯罪活动不仅减损了社会财富，而且加大了社会治理成本，降低了公众的福利，损害了发展质量。再次，私有制市场经济条件下财富的个体划分和对立经常导致商品生产者为了个人利益而不惜牺牲公共财富，产生负外部性，如生态环境破坏和污染等，这损害了公众的生活质量。

因此，中国特色社会主义条件下的高质量发展应当是兼顾使用价值和价值两个层面的发展，是质量标准和效率标准的统一。中国特色社会主义虽然以市场经济为基础，但它并不像资本主义那样片面追求利润和GDP。在新时期，人民的温饱问题已基本解决，把满足人民对美好生活的向往作为发展的根本目标，不仅关注GDP和利润，而且更加关注财富的物质内容以及与人民美好生活需要的匹配度，把使用价值层面的发展放在突出地位。不仅关注发展效率，而且更关注发展质量，是质量和效率的统一。质量和效率的高度统一正是建设现代化经济体系的基本目标。

（二）高质量发展必须是创新驱动的发展

建设现代化经济体系，必须要从根本上转换增长动力，使创新和技术进步成为我国经济发展的主要动力。这有充分的马克思主义理论依据。

马克思十分重视创新在经济社会发展中的作用，分别从微观、中观和宏观三个层次对创新的作用做了具体阐述。

首先，马克思在阐述社会必要劳动时间这一概念时，就隐晦地谈到创新对个别商品生产者的重要意义。他举例说，英国普遍使用蒸汽织布机后，织布花费的劳动只有手工织布的一半，那么依然采用手工织布的工人其单位劳动创造的价值只相当于过去的一半。[1] 在阐述超额剩余价值这一概念时，马克思又举例进行了说明，个别资本家采用效率更高的生产技术后，单位时间能够生产更多的商品，商品的个别价值就会低于它的社会价值，但商品仍按社会价值出售，社会价值高出个别价值的部分就是超额剩余价值。马克思指出："采用改良的生产方式的资本家，比同行业的其余资本家在一个工作日中占有更大的部

---

[1]《资本论》第1卷，人民出版社2004年版，第52页。

分作为剩余劳动。"① 总之,个别商品生产者通过创新不仅可以创造更多的财富,还能够获得超额收益,是高质量发展的一种方式。

其次,马克思通过分析相对剩余价值生产的具体过程,揭示了创新扩散和全行业技术进步的影响。他指出,当一种新技术被全行业采用时,商品的社会价值降低,超额剩余价值消失,但随着生活资料生产部门劳动生产力提高,必要生活资料价值降低,资本家通过缩短必要劳动时间相对地延长剩余劳动时间,从而提高剩余价值率。马克思指出:"相对剩余价值与劳动生产力成正比。它随着生产力提高而提高,随着生产力降低而降低。"② 也就是说,创新扩散和全行业技术进步既能够创造更多财富,也能够增加全行业剩余价值或利润,是高质量发展的表现。

最后,马克思对资本主义再生产的动态过程进行了深入分析,阐明了创新基础上的技术进步对生产力发展的重要作用。他指出,资本主义扩大再生产按其实现途径可以分为两种类型:"如果生产场所扩大了,就是在外延上扩大;如果生产资料效率提高了,就是在内涵上扩大。"③ 在资本主义内在的逐利机制和外在的竞争压力的作用下,资本积累和扩大再生产通常会伴随着资本技术构成的提高,表现为内涵式扩大再生产。马克思指出:"一旦资本主义制度的一般基础奠定下来,在积累过程中就一定会出现一个时刻,那时社会劳动生产率的发展成为积累的最强有力的杠杆。"④ 马克思还区分了作为劳动生产率增长条件的生产资料和作为劳动生产率增长结果的生产资料,他认为,机器设备和运输工具等集中体现生产技术水平的生产资料的变革是劳动生

---

① 《资本论》第 1 卷,人民出版社 2004 年版,第 370 页。
② 《资本论》第 1 卷,人民出版社 2004 年版,第 370 页。
③ 《资本论》第 2 卷,人民出版社 2004 年版,第 192 页。
④ 《资本论》第 1 卷,人民出版社 2004 年版,第 717 页。

产率增长的条件。马克思进一步指出:"不管是条件还是结果,只要生产资料的量比并入生产资料的劳动力相对增长,这就表示劳动生产率的增长。"① 可见,马克思对创新和技术进步对提高劳动生产率的作用是毫不怀疑的。

中国经济经过40多年的高速增长,已经度过数量扩张阶段,开始向高质量发展阶段迈进。过去的增长主要是依靠增加要素投入量实现的,产品以中低端为主,主要是满足人民的基本生活需求。而高质量发展必须通过创新基础上的全要素生产率提高来实现,以促进产业向中高端迈进,满足人民美好生活的需要。马克思反复说明,劳动生产率的提高根本上要靠创新和技术进步,经济社会发展阶段的转变根本上也是由创新和技术进步基础上的生产力变革决定的。我们能否打破发达国家对中高端产业的垄断和封锁,顺利跨入高质量发展阶段,成为世界一流强国,关键在于我们是否有足够的自主创新能力。所以,创新对于我国突破发展瓶颈,真正建成现代化经济体系和发展机制,实现国家的全面现代化具有决定性的意义。

(三)高质量发展必须坚持以人民为中心

现代化经济体系的最终落脚点是人,是满足人民美好生活的需要。高质量发展是以人民为中心的发展,这既是社会主义优越性的体现,是我们的奋斗目标,也是生产力发展的必然要求。

马克思主义创始人批判资本主义制度的一个主要原因,就是人的异化,也就是人的工具化和非人化。这里的人不是抽象的人,而是资本主义社会作为劳动者主体的雇佣工人阶级。他们认为,在资本主义条件下,工人阶级处于资本的控制和支配之下,成为生产剩余价值的工具,服从资本增值的需要。资产阶级对无产阶级的剥削和奴役是这两大阶

---

① 《资本论》第1卷,人民出版社2004年版,第718页。

级对立和斗争的根本原因，无产阶级最终将推翻资产阶级的统治，恢复人的主体性和中心地位，建立以人的全面自由发展为根本宗旨的共产主义社会。早在1843年5月，马克思在致卢格的信中就一针见血地指出："专制制度的唯一原则就是轻视人类，使人不成其为人。"① 在《1844年经济学哲学手稿》中，马克思系统地批判了资本主义的异化现象。他指出，在资本主义私有制和雇佣劳动制度下，不仅工人的劳动产品，而且工人的劳动活动，甚至连工人本身也成为资本的所有物。不仅如此，资本通过无偿占有工人劳动而不断积累和壮大，也就是说，资本作为工人劳动的产物成为一种对工人而言异己的、敌对的力量，反过来控制、支配和剥削工人，工人成为自己劳动产物的奴隶。马克思指出，正是由于资本主义条件下工人劳动的自我异化，导致了资本主义社会的一系列荒谬现象："工人生产的财富越多，他的生产的影响和规模越大，他就越贫穷。工人创造的商品越多，他就越变成廉价的商品。物的世界的增值同人的世界的贬值成正比。"② 基于资本主义社会的荒谬性和不合理性，马克思认为未来共产主义将通过消灭资本主义私有制而消除异化劳动。他指出："共产主义是对私有财产即人的自我异化的积极的扬弃，因而是通过人并且为了人而对人的本质的真正占有；因此，它是人向自身、也就是向社会的即合乎人性的人的复归。"③ 在马克思看来，共产主义作为对资本主义制度的否定和替代，其本质特征是恢复人的主体性和中心地位。在马克思晚年所作的《哥达纲领批判》中，他依然坚持以人为中心。马克思指出，在经过长久阵痛刚刚从资本主义社会产生出来的共产主义第一阶段，由于生产力还不够发达，劳动

---

① 《马克思恩格斯全集》第1卷，人民出版社1956年版，第411页。
② 《马克思恩格斯文集》第1卷，人民出版社2009年版，第156页。
③ 《马克思恩格斯文集》第1卷，人民出版社2009年版，第185页。

依然是谋生的手段，社会消费品只能实行按劳分配的原则，社会成员的经济权利事实上是不平等的，人的中心地位还没有得到完全彰显。尽管如此，与资本主义制度相比，它消除了资本对人的统治，恢复了人的主体地位，是巨大的历史进步。随着生产力的不断发展，"在共产主义社会高级阶段，在迫使个人奴隶般地服从分工的情形已经消失，从而脑力劳动和体力劳动的对立也随之消失之后；在劳动已经不仅仅是谋生的手段，而且本身成了生活的第一需要之后；在随着个人的全面发展，他们的生产力也增长起来，而集体财富的一切源泉都充分涌流之后，——只有在那个时候，才能完全超出资产阶级权利的狭隘眼界，社会才能在自己的旗帜上写上：各尽所能，按需分配！"[1]由此可见，是否以人民为中心是资本主义与社会主义和共产主义的本质区别。

改革开放 40 多年来，我国经济发展取得巨大成功，一跃成为世界第二大经济体。但毋庸讳言，我们也为此付出了不小的代价。例如，我国的出口商品之所以能够长期以物美价廉形成竞争优势，是以大量廉价劳动力为支撑的。因为在我国总体技术水平落后的条件下，廉价劳动力是我国在国际贸易中最大的比较优势。尽管这是我国经济发展不得不经历的一个阶段，但它客观上是通过牺牲广大工人，特别是农民工的权利和利益实现的。进入新时代以来，人民的温饱问题已经总体解决，经济供给总量问题已经解决，供给结构问题凸显。中国社会的主要矛盾已经发生转变，区域之间、城乡之间、社会不同阶层之间发展不平衡不充分的问题日益突出。从总体上看，这都是发展质量不高的表现。要从根本上解决这些问题，就必须坚持以人民为中心，以保障和改善民生为着力点，提升供给结构，提高供给质量，破解发展不平衡不充分问题，不断满足人民日益增长的美好生活需要，彰显社

---

[1]《马克思恩格斯文集》第 3 卷，人民出版社 2009 年版，第 435—436 页。

会主义制度的优越性。

二、我国推进高质量发展的理论和现实依据

建设现代化经济体系，实现高质量发展，对我国当前而言既是完全可能的，更是十分必要的。一方面，经过新中国成立以来的持续发展，特别是改革开放 40 多年的高速发展，我国已经建立了完整的产业体系，打下了扎实的工业基础，为下一步质量变革、动力变革和效率变革奠定了坚实基础。另一方面，我国目前主要依靠增加要素投入量的增长方式已经越来越不可持续，而且这种增长方式无法实现技术升级和产业高端化。如果始终无法突破发展的技术瓶颈，我国经济就不可能完成从不发达国家向发达国家的转变。关于这一点，马克思主义经典作家进行了深入的阐述。

马克思和恩格斯指出："资产阶级除非对生产工具，从而对生产关系，从而对全部社会关系不断地进行革命，否则就不能生存下去。……生产的不断变革，一切社会状况不停的动荡，永远的不安定和变动，这就是资产阶级时代不同于过去一切时代的地方。"[①] 马克思主义关于资本主义生产方式阶段性变化的理论可以帮助我们深刻理解这个从高速增长阶段过渡到高质量发展阶段的必然性。

（一）资本主义从绝对剩余价值生产转向相对剩余价值生产揭示了市场经济条件下企业向高质量发展过渡的必然性

马克思在分析资本主义企业剩余价值生产方法时指出，在资本主义发展的早期，资本家主要是通过绝对剩余价值生产来攫取剩余价值，即绝对地延长工人的劳动时间。但是，劳动时间或工作日的延长有一个"最高界限"，"这个最高界限取决于两点。第一是劳动力的身体

---

① 《马克思恩格斯文集》第 2 卷，人民出版社 2009 年版，第 34 页。

界限。……除了这种纯粹的身体界限之外,工作日的延长还碰到道德界限"。① 这就是说,靠绝对剩余价值生产的增加提高剩余价值率是十分有限的。但是,资本家无止境地追求剩余价值的动机是不可遏制的。这是由两方面的原因决定的。一方面,资本主义生产的内在规律,即获取剩余价值是资本主义生产的唯一目标和动力,决定了资本家必然会千方百计地提高剩余价值率。另一方面,资本主义竞争作为外在的强制规律也驱使资本家努力提高剩余价值率。因此,"它必须变革劳动过程的技术条件和社会条件,从而变革生产方式本身,以提高劳动生产力,通过提高劳动生产力来降低劳动力的价值,从而缩短再生产劳动力价值所必要的工作日部分"②。这一过程首先是从个别资本家通过改进生产技术等创新手段降低自己商品的个别价值来获取超额剩余价值开始的。随着技术扩散和社会劳动生产率的普遍提高,商品的社会价值降低,个别资本家的超额利润消失,资本家逐步转向以相对剩余价值生产为主,即通过缩短必要时间,相对地延长剩余劳动时间来增加剩余价值生产。与绝对剩余价值生产相比,相对剩余价值生产可谓是高质量发展,因为它在不延长工人劳动时间、不降低工人工资水平,甚至在缩短工人劳动时间、提高工人工资水平的前提下提高剩余价值率。从绝对剩余价值生产阶段发展到相对剩余价值生产阶段具有历史必然性,它既是技术进步和生产力发展的必然结果,也是资本主义进一步的必然要求。没有工人购买力的提高和休闲时间的增加,资本主义生产就无法持续扩大,资本主义就会停滞甚至崩溃。

虽然马克思分析的是资本主义经济,但他也揭示了市场经济条件下企业生产方式演进的一般规律。我们可以用类似的比较来分析当前

---

① 《资本论》第1卷,人民出版社2004年版,第269页。
② 《资本论》第1卷,人民出版社2004年版,第366页。

我国进入高质量发展阶段的必然性。改革开放初期，我国的资本和技术都严重短缺，唯一具有比较优势的生产要素就是大量的廉价劳动力。在面向全球市场的竞争中，我们很自然地选择从劳动密集型产业，如纺织、服装、鞋帽、玩具等产业，发挥我们低劳动力成本、低价格的优势，通过在沿海地区发展出口加工，完成资本原始积累，为进一步发展产业体系终端的机械、电子加工制造打下基础，推动产业逐步升级。这一阶段我国的发展模式有点类似资本主义的绝对剩余价值生产，其背后是广大一线劳动者，特别是农民工阶层巨大的利益让步。在当时的条件下，我们只能选择这样的发展路径。但长久地牺牲底层劳动者的利益既不利于经济转型升级，也不符合社会主义的根本宗旨。因此，一旦资本积累和技术积累达到一定程度，具备向相对剩余价值生产转变的条件，我们就必须改变过去粗放式的增长模式，大力发展资本和技术密集型产业，通过提高全要素生产率，提升产品的技术含量和附加值，在高标准保障劳动者权益的条件下增强企业的盈利能力和自我发展能力，实现人民生活改善和企业效益提升的双赢。这就是我们当前讲的高质量发展。由此可见，我国转向高质量发展阶段，既符合市场经济条件下企业生产方式发展的一般规律，也符合中国当前发展的现实要求。

（二）资本主义由自由竞争阶段转向垄断阶段对我国从高速增长阶段转向高质量发展阶段具有启示意义

在马克思的时代，资本主义还处于自由竞争阶段，但垄断现象已然大量存在，马克思注意到了这一点。他在《资本论》中分析了土地、矿山等自然垄断现象以及技术和生产方法改进形成的垄断。马克思认识到垄断给企业带来的巨大利益，他在分析商人资本的周转时指出："如果在其他一切条件不变，特别是有机构成不变的情况下，同一产业资本一年内不是周转两次,而是周转四次,它所生产的剩余价值,从而利润,就会增加一倍;并且,只要这个资本对那种会加速它的周转的改良生产方法拥有垄断权,这一点就会清楚地表现出来。"① 到 19 世纪末 20 世纪初,资本主义已经从自由竞争阶段过渡到了垄断阶段。列宁指出:"事实证明,某些资本主义国家之间的差别,例如实行保护主义还是实行自由贸易,只能在垄断组织的形式上或产生的时间上引起一些非本质的差别,而生产集中产生垄断,则是现阶段资本主义发展的一般的和基本的规律。"② 随着工业垄断资本和银行垄断资本融合生长,产生了金融资本和金融寡头。金融寡头通过参与制的方式,以少量资本控制着众多的子公司和孙公司,形成一个庞大的垄断组织。它们凭借自己的垄断地位,制定垄断价格,获取远高于平均利润的垄断利润。垄断组织不仅控制国内市场,还通过资本输出瓜分世界市场,在全球范围内攫取高额垄断利润。第二次世界大战以来,发达资本主义国家进一步发展到国家垄断资本主义阶段。垄断资本与资产阶级国家相结合,借助国家政权的力量,在全球范围谋求并加强自身的垄断地位,利用垄断价格从不发达国家榨取巨额利润。

  我们反对垄断资本主义对世界人民的超级剥削和榨取,但是在全球经济一体化日益发展的今天,面对发达国家巨型垄断企业的竞争,我们必须鼓励国内龙头企业建立垄断地位,并通过技术创新进一步做大做强,在国际市场上打造垄断性竞争优势,这样才能有效维护自身利益。这是当前我国经济走向高质量发展阶段的必由之路。马克思深刻阐明,在自由竞争条件下,随着技术进步和资本有机构成不断提高,一般利润率呈现不断下降的趋势。他分析了避免利润率下降的各种例外情况,

---

① 《资本论》第 3 卷,人民出版社 2004 年版,第 349 页。
② 《列宁选集》第 2 卷,人民出版社 1995 年版,第 588 页。

如劳动剥削程度的提高、对外贸易，等等。在分析平均利润形成时，马克思还指出，要使商品价格接近于符合它们的价值，"就出售来说，没有任何自然的或人为的垄断能使立约双方的一方高于价值出售，或迫使一方低于价值抛售"①。反过来讲就是，企业要获得高于平均利润的高额利润，需要有一定的市场垄断地位。在当代发达资本主义国家，马克思讲的几个例外情况已经不太典型，但凭借垄断地位获取高额利润却成为大企业的常态。表面上看，西方大企业更多地依靠技术领先优势获取远远高于平均利润的超额利润，但要建立和巩固技术领先优势，就需要大量的、持续的研发投入。而要保证这一点，企业必须有垄断性的市场地位，有稳定的高额利润来支持技术研发。高额稳定的研发投入支持下的强大研发能力反过来又进一步巩固了企业的市场垄断地位。所以，垄断才是西方大企业获取超额利润的关键。

过去40多年，我国更多的是凭借低劳动成本和低价格优势在国内国际市场上展开竞争。企业虽然起步容易，但由于利润微薄，始终难以做大做强，形不成垄断性市场地位，因而很难经受住市场变化的考验，往往是一哄而起，一哄而散。这种发展模式也给中国经济社会带来诸多消极后果。第一是收入差距拉大，在一定程度上影响到社会稳定和国家安全。相关研究表明，20世纪80年代早期我国居民收入差距的基尼系数仅为0.300左右，到2008年达到0.491。2008年到2017年这10年虽然总体有所下降，但仍处于高位，2017年的基尼系数为0.467。②第二是环境污染和生态破坏问题依然十分严重。低生产成本是以高环境成本为代价的。无节制的污染物排放导致大气、水和土壤遭到严重污染，生态环境问题一度十分严重。第三是资源消耗巨大，利用效率

---

①《资本论》第3卷，人民出版社2004年版，第198页。
②李实、朱梦冰：《中国经济转型40年中居民收入差距的变动》，《管理世界》2018年第12期。

偏低。第四是中低端产品产能过剩，产业升级缓慢。长期以来，我国利用低价格优势在沿海地区大量发展服装、鞋帽、玩具和中低端电子产品等劳动密集型出口加工产业。随着印度、东南亚国家及部分非洲国家劳动密集型产业的快速增长，中低端产品的国际市场竞争日趋激烈，我国的竞争优势逐步被削弱，产能过剩的局面越来越严重。由于资本积累和技术积累不足，大多数企业自我发展能力有限，转型升级步履维艰。时至今日，过去的低价格、高消耗的粗放型发展模式变得越来越不可持续，我国面临着产业升级的巨大压力。目前摆在我们面前的只有一条路，那就是学习发达资本主义国家由竞争转向垄断的经验，通过金融部门和政府的扶持，鼓励我国的行业龙头企业通过兼并重组形成寡头垄断格局，加大技术创新力度，以垄断性的先进技术为基础，通过建设完整的现代化经济体系，在国际市场上重塑竞争优势。这是我国必须走向高质量发展阶段的重要原因。需要指出的是，我们鼓励垄断绝不是要限制竞争，而是要改变竞争方式，变价格竞争为质量和技术竞争。这是传统竞争模式与现代竞争模式的本质区别，也是传统经济体系与现代化经济体系的重要区别。

现代化经济体系与高质量发展是一体的，前者是途径和手段，后者是目标和结果。现代化经济体系为高质量发展提供了可能，发展质量的提高必须依靠创新基础上的技术进步，必须依托产业体系、市场体系、分配体系等经济体系的整体变革；高质量发展为现代化经济体系建设指明了方向，即面向未来的经济体系建设必须以提升发展质量为目标。因此，必须洞察科学技术的发展趋势，盯紧国际上产业演进的方向和趋势，有针对性地加强技术研发和创新，抢占技术制高点，提升核心竞争力，加快关键产业转型升级，全面提高发展质量。

第四章
建设现代化经济体系必须坚守的基本原则

党的十九届四中全会指出:"必须坚持社会主义基本经济制度,充分发挥市场在资源配置中的决定性作用,更好发挥政府作用,全面贯彻新发展理念,坚持以供给侧结构性改革为主线,加快建设现代化经济体系。"[①] 这一论述阐明了当前我国建设现代化经济体系的总体要求,对指导我们深入理解和全面建设现代化经济体系具有重大作用。

第一节 必须坚持社会主义基本经济制度

党的十九届四中全会《决定》对社会主义基本经济制度做了新的总结和概括,指出:"公有制为主体、多种所有制经济共同发展,按劳分配为主体、多种分配方式并存,社会主义市场经济体制等社会主义基本经济制度,既体现了社会主义制度优越性,又同我国社会主义初级阶段社会生产力发展水平相适应,是党和人民的伟大创造。"[②] 社会主义基本经济制度是社会主义生产方式在当代中国的具体实现形式,它顺应了我国现阶段生产力发展的内在要求,对我国经济快速健康发展具有巨大的促进作用,是社会主义经济制度优越性的具体体现。

历史唯物主义认为,与生产力发展要求相一致的生产方式,能够促进生产力的发展,反之则会阻碍生产力的发展。新中国成立70多年来,中国共产党领导全体中国人民对社会主义建设道路进行了艰苦卓绝的探索,最终找到了一条既符合中国国情、符合生产力发展要求,又体现社会主义基本性质和内在要求的生产方式,其主要内容就体现在社会主义基本经济制度中。

---

① 《中共中央关于坚持和完善中国特色社会主义制度 推进国家治理体系和治理能力现代化若干重大问题的决定》,《人民日报》2019年11月6日。
② 《中共中央关于坚持和完善中国特色社会主义制度 推进国家治理体系和治理能力现代化若干重大问题的决定》,《人民日报》2019年11月6日。

第四章
建设现代化经济体系必须坚守的基本原则

一、必须坚持"两个毫不动摇"

公有制为主体、多种所有制经济共同发展是当前我国所有制结构的基本特点。生产资料公有制是社会主义制度最本质的特征,它是社会主义条件下全体劳动者摆脱被剥削、被奴役命运,实现全面自由发展的最根本的制度保障。马克思主义阐明,奴隶社会、封建社会和资本主义社会等私有制社会是建立在占总人口一小部分的统治阶级对生产资料垄断性占有的基础上的,统治阶级据此控制和支配作为被统治阶级的广大劳动人民,并对劳动人民进行剥削和压榨。劳动人民要想摆脱受剥削受压迫的命运,必须消灭生产资料私有制,建立生产资料公有制,使社会生产资料置于全体社会成员共同支配之下,成为社会成员平等自由发展的手段。但生产资料所有制的具体内容归根结底是由生产力发展水平决定的,在奴隶社会、封建社会和资本主义发展阶段,生产资料私有制是符合生产力发展要求的,私有制的形成具有客观必然性。只有到了资本主义晚期,生产资料私有制与社会化大生产的发展要求之间的矛盾发展到不可调和的地步,客观上要求将生产资料置于社会统一控制之下,服从社会化生产的总体需要。因此,社会主义公有制取代资本主义私有制既是生产力发展的客观要求,也是人类平等自由发展的要求,是合规律性与合目的性的统一。

在社会主义建设实践中,由于不同国家经济发展水平和社会条件不同,公有制发展出多种实现形式,如全民所有制、集体所有制等。在许多国家出现了公有制与非公有制共存的现象,如苏俄新经济政策时期就鼓励发展国家资本主义经济。具体到中国,由于我国生产力基础比较薄弱,发展生产力是我们面临的主要任务。这就需要我们调动各方面的力量,采取各种适合生产力发展要求的经济形式,全力以赴把生产搞上去。当然,为了确保我国经济制度总体上的社会主义性质,必须坚持公有制经济在国民经济中占据主体地位,坚持经济发展的社会主义方向。经过70多年的探索,特别是改革开放40多年的成功探索,我国逐步形成公有制为主体,包括民营经济、外资企业等非公有制经济在内的多种所有制经济共同发展的中国特色社会主义所有制结构。我国经济建设的巨大成就充分表明,这一所有制结构是适合我国生产力发展要求的,必须长期坚持。习近平总书记多次强调要毫不动摇巩固和发展公有制经济,毫不动摇鼓励、支持、引导非公有制经济发展。在建设现代化经济体系过程中,我们必须坚持"两个毫不动摇",一方面发展壮大公有制经济,积极探索公有制的多种实现形式;另一方面积极支持非公有制经济健康发展,营造各种所有制经济平等竞争、共同繁荣的发展环境。

二、必须坚持按劳分配为主体、多种分配方式并存

按劳分配为主体、多种分配方式并存,是我国收入分配制度的基本特征。它是公有制为主体、多种所有制经济共同发展的所有制结构在收入分配上的具体实现形式。它既体现了社会主义的本质特征,也反映了市场经济的普遍要求。

按劳分配是社会主义分配制度的基本要求。马克思指出:"消费资料的任何一种分配,都不过是生产条件本身分配的结果;而生产条件的分配,则表现生产方式本身的性质。"[①] 社会主义作为共产主义的初级阶段,是建立在生产力发展不够充分的基础上的。一方面,它通过对资本主义制度的扬弃,确立了生产资料公有制的主体地位,劳动人民成为国家和社会的主人。这一切体现在收入分配上,就是按劳分配。

---

① 《马克思恩格斯文集》第3卷,人民出版社2009年版,第436页。

另一方面,社会主义还处于共产主义的低级阶段。由于生产力不够发达,劳动还是谋生的手段,个人消费品的分配不是按照社会成员的需要进行分配,而只能根据每个社会成员付出的劳动数量和质量进行分配。因而按劳分配只是一种相对平等的权利,还存在着局限性,还不能完全实现所有社会成员全面自由发展的共产主义目标。马克思对此有深入阐释:"我们这里所说的是这样的共产主义社会,它不是在它自身基础上已经发展了的,恰好相反,是刚刚从资本主义社会中产生出来的,因此它在各方面,在经济、道德和精神方面都还带着它脱胎出来的那个旧社会的痕迹。所以,每一个生产者,在作了各项扣除以后,从社会领回的,正好是他给予社会的。他给予社会的,就是他个人的劳动量。例如,社会劳动日是由全部个人劳动小时构成的;各个生产者的个人劳动时间就是社会劳动日中他所提供的部分,就是社会劳动日中他的一份。他从社会领得一张凭证,证明他提供了多少劳动(扣除他为公共基金而进行的劳动),他根据这张凭证从社会储存中领得一份耗费同等劳动量的消费资料。他以一种形式给予社会的劳动量,又以另一种形式领回来。"[①]

对社会主义不够充分发展的生产力而言,按劳分配是一种公平合理的收入分配制度,体现了社会成员的平等权利。马克思指出:"权利决不能超出社会的经济结构以及由经济结构制约的社会的文化发展。"[②]按劳分配制度把个人收入与其劳动贡献挂钩,多劳多得,少劳少得,不劳不得。既消灭了资本对劳动的剥削,又形成对劳动的激励,鼓励劳动者通过更多劳动来获取更多收入。对于发展生产力依然是社会主要任务的社会主义初级阶段而言,它是一种既体现公平又体现效率的

[①]《马克思恩格斯文集》第3卷,人民出版社2009年版,第434页。
[②]《马克思恩格斯文集》第3卷,人民出版社2009年版,第435页。

制度安排。

按劳分配制度是与公有制相对应的分配制度。在当前我国社会主义经济中，公有制虽然占主体，但它并不是唯一的所有制形式。除了国有经济和集体经济等公有制经济成分，我国还存在大量的非公有制经济，包括私营经济、个体经济、外资经济，此外还有公有资本与非公有资本共同参股形成的混合所有制经济。非公有制经济是我国社会主义市场经济的重要组成部分。与公有制经济不同，非公有制经济的分配方式是多元的。如资本家投资入股某家企业获得的股息收入归资本家个人所有，属于资本收入；持有房屋、土地等不动产的投资者，通过出租房屋、土地获得的收入属于租金收入；技术专利拥有者通过转让技术使用权获得的收入属于技术转让收入；大数据公司利用数据系统为企业提供精准服务获得的收入属于数据要素收入，等等。事实上，在社会主义市场经济中，不同经济主体都具有利益的相对独立性，它们之间的交换关系都是通过市场价格机制实现的，因而不仅是生产出来的产品和服务，所有的生产要素都具有价格，市场价格机制就是利用相对价格的变化来调整资源配置结构的。在这种情况下，包括劳动力、土地、资本、技术、数据在内的所有可以交易的生产要素都参与收入分配。

总体而言，在公有制经济中，按劳分配是主要的分配方式；在非公有制经济中，收入分配方式集中表现为按各种生产要素贡献分配。我国公有制经济占主体的所有制特征决定了在收入分配中，按劳分配为主体；鼓励多种所有制经济共同发展的现实决定了多种分配方式并存。在现代化经济体系建设中，我们既要发挥公有制经济的作用，也要发挥非公有制经济增加就业和供给、繁荣市场的积极作用，所以我们必须坚持按劳分配为主体，多种分配方式并存的分配制度。

三、坚持和完善社会主义市场经济体制

社会主义市场经济体制是我国经济体制改革经过多年探索后最终确立的体制目标,是我国体制改革取得的最重要的制度成果,也是过去几十年我国经济建设取得巨大成就的制度保障。建设现代化经济体系,必须坚持和完善社会主义市场经济体制。

1956年我国社会主义改造基本完成后,逐步走上了计划经济体制的轨道。计划经济主要用集中统一的国家计划来组织和管理社会经济活动,取消商品交易和市场机制配置资源的功能。计划经济体制能够在较短时期集中全国力量完成国家重大建设任务,对于我国尽快建设工业基础发挥了重大作用。但计划经济体制也存在严重缺陷:管理僵化,灵活性不足,无法对外部条件的变化做出及时反应和调整;微观主体缺乏自主权,生产主动性和积极性不高;整个体制缺少一套有效的激励机制,效率低下,等等。从20世纪70年代末开始,我国就逐步探索改革计划体制,从农村实现联产承包责任制、企业扩大经营自主权开始,逐步引入市场因素。这一改革取得了明显成效,证明市场化的改革方向是正确的。1982年召开的党的十二大提出"计划经济为主、市场调节为辅"的原则,肯定了计划体制内引入市场调节的可能性和必要性。党的十二届三中全会进一步提出社会主义经济是公有制基础上的有计划的商品经济,明确了社会主义经济的商品经济属性,强化了市场调节的地位。党的十三大提出"国家调节市场、市场引导企业"的经济调节机制,实际上肯定了市场调节的基础性地位。党的十四大正式提出我国经济体制改革的目标是建立社会主义市场经济体制,明确了社会主义经济是市场经济,市场在资源配置中起基础性作用。党的十八届三中全会进一步提出:"经济体制改革是全面深化改革的重点,

核心问题是处理好政府和市场的关系，使市场在资源配置中起决定性作用和更好发挥政府作用。"[1] 随着市场化改革的逐步深入，我国经济建设的体制保障越来越合理，越来越完善，各类微观主体的活力被大大激发出来，经济发展速度和效益显著提升。

当前，我们已经不再用计划直接管理和控制经济活动，但这并不意味着政府不对经济活动进行任何干预，只不过政府对经济的干预和调节是以市场调节为前提的，是第二位的，政府干预经济的目标和手段也不同于计划时代。在微观领域，政府为建立和维护统一开放、竞争有序的市场体系对各种不正当竞争行为等进行规制；在宏观领域，政府利用财政政策、货币政策等调控手段对宏观经济运行进行调控，确保经济持续稳定发展。总体而言，社会主义市场经济条件下政府仍然对经济活动施加强有力的影响，是有效市场和有为政府的统一。实践证明，社会主义市场经济体制是符合我国经济发展要求的高效体制，我们必须在建设现代化经济体系的过程中长期坚持。

第二节　全面贯彻新发展理念

2015年10月，习近平总书记在党的十八届五中全会第二次全体会议上的讲话中提出创新、协调、绿色、开放、共享的新发展理念。新发展理念是在中国经济面临结构调整和产业升级的大背景下提出的全新发展理念，它找准制约中国经济进一步发展的关键症结，提出了中国经济突破发展瓶颈、跨越发展阶段的总体思路，深刻回答了新形势下实现什么样的发展、怎样实现发展等决定我国未来发展大局的根本性问题，对于我国平稳推进现代化经济体系建设、实现高质量发展具

---

[1] 中国经济网，http://www.ce.cn/xwzx/gnsz/szyw/201311/18/t20131118_1767104.shtml。

有引领性作用。新发展理念既各有侧重，又是一个有机联系的整体。创新是引领发展的第一动力；协调是持续健康发展的内在要求；绿色是永续发展的必要条件和人民对美好生活追求的重要体现；开放是国家繁荣发展的必由之路；共享是中国特色社会主义的本质要求。必须在准确理解每个发展理念的深刻内涵和目标指向的基础上，把新发展理念切实贯彻到现代化经济体系建设的实践中。

一、把创新作为发展的第一动力

《辞海》对创新的解释是："抛开旧的，创造新的。"[①] 从广义上讲，创新包括人类的一切新发现、新思想观念、新技术、新工艺、新产品、新做法，等等。创新是人类社会发展的根本动力，是人类文明进步的最主要支撑力量。唯物辩证法的量变质变规律可以帮助我们深入理解创新的本质。

量变质变规律深刻地揭示了事物演变发展的形式和状态。量变是事物数量的增减和场所的变更，是在旧质基础上的数量或形状、位置的改变，它不改变事物的根本性质；质变是事物根本性质的变化，是从旧事物向新事物的转变，是真正意义上的发展。量变是质变的必要准备，没有量的积累，事物就不可能接近并突破临界点，完成质的飞跃；质变是量变持续进行的必然结果，是真正意义上的发展。量的变化不断积累迟早会突破旧质，转变为新事物。

创新的本质是质变，是对事物性质的改变，是推陈出新。我们强调创新，因为创新是事物发展的本质。我国经济建设由高速增长阶段向高质量发展阶段转变，就是一种质变。没有创新，就不可能完成这一转变。

---

① 《辞海（第六版）》，上海辞书出版社2009年版，第325页。

如果从一个大的历史视角来理解改革开放以来的中国现代化进程，那么前40年的高速增长阶段大体上可以看作以传统产业为基础的量变过程，它以量的扩张为主要发展方式，是传统经济体系逐步完善的过程。这并不是说其中没有局部性的或阶段性的质变，事实上在这一过程中我们既有产业结构的持续升级，也有新兴科技产业的蓬勃发展，这都属于质的提升。但是从总体上看，这一阶段的发展主要是靠不断增加要素投入量实现的，我们的产业竞争力主要表现在规模经济带来的成本节约。而欧美发达国家的经济增长主要依赖创新和技术进步基础上的要素利用率的提高。这是两种不同形式的发展，我们采用的是传统增长方式，发达国家采用的则是现代增长方式。当前，我国已经建成了较为完善的产业体系，这为我们向现代增长方式转换奠定了坚实基础，而过去发展方式的潜力也已经挖掘殆尽。因此，转变增长方式既是必要的，也是可能的。这种转变意味着中国现代化进程进入了一个新的发展阶段，是一次质的飞跃。要完成这次飞跃，就必须变革发展动力，把创新作为推动经济发展的第一动力。正是在这个意义上，习近平总书记深刻指出："抓创新就是抓发展，谋创新就是谋未来。"[1]

践行创新发展理念，首先要建立和完善激励创新的体制机制，形成鼓励创新的社会环境。在当代社会，科学技术研究越来越专业化，创新早已超越了个人范畴，成为多方面协同推进的系统工程，需要统筹各方面的资源，形成基础研究、应用研究、产品研发多层级相互协调的研究体系，需要产学研各环节紧密联系，相互促进。没有一个完善的制度化的创新支持体系，创新活动就不可能持续、广泛地开展。要以人民群众的美好生活需求为引领，以供给侧结构性改革为主线，以提供高质量的产品为目标，建设多层级的创新体系，打造激励创新

---

[1] 习近平：《深入理解新发展理念》，《求是》2019年第10期。

的长效机制，形成鼓励创新的经济社会环境。

其次，要集中力量攻克制约我国产业升级的技术瓶颈，以重点领域和关键环节的突破带动全局。一个行业或产业的核心技术或关键技术是一个企业乃至一个国家的核心竞争力之所在，任何企业或国家都不会轻易把它转让给别人。如果这些技术掌握在别人手里，我们不但要支付高昂的技术使用费，而且始终存在被"卡脖子"的风险。2020年以来，美国以国家安全为借口对华为等中国企业实施严厉的技术限制，企图扼杀中国的高科技产业，使美国长期保持对中国的优势地位。美国赤裸裸的霸权行径给我们上了生动的一课。我们必须清醒地认识到，在关键行业和关键技术上我们绝不能受制于人，更不能指望别人。我们的当务之急是充分发挥我们新型举国体制的制度优势，在全国范围内集中人力、物力和财力，组织企业、高校和研究机构协同攻关，力争在一些关键性技术和前沿性领域尽早取得实质性突破，打破国外的技术封锁。我们必须强化事关发展全局的基础研究和共性关键技术研究，为我国建设现代产业体系、塑造新的竞争优势打下坚实基础。

二、增强发展的整体性协调性

改革开放之初，我国经济发展严重落后于世界先进水平，改变贫穷落后的经济面貌是我们亟待解决的头等大事。从这一现实出发，我们把工作重心转移到经济建设上，并利用东部沿海地区的区位优势，实现沿海地区对外开放，利用国外资本、技术和管理经验加速我国经济建设。同时通过对内改革，引入市场机制，推动资源向城市聚集发展。实践证明，这一重点突破的发展战略十分成功，它极大地加速了我国经济发展进程。当前，我国区域之间、城乡之间、物质文明与精神文明之间、经济发展与国防建设之间的发展不平衡、不协调问题还十分突出，成为制约我国进一步发展的全局性问题。这些问题不解决，将严重影响我国经济社会的长期稳定发展。

唯物辩证法认为，世界是一个普遍联系的统一整体。任何事物都不是孤立存在的，而是和周围的事物形成各种联系，每个事物的存在和发展都受到周围事物的影响和制约。所以我们认识和理解事物或现象，不能坚持孤立、静止、片面的形而上学方法论，而必须用联系的观点，从整体视角来考察。中国虽然国土面积广大，发展条件千差万别，区域间、城乡间发展差距的形成有其内在根源，但我们要认识到，区域间、城乡间的发展是相互联系、相互制约的。没有中西部的发展，东部的发展就不可能持续；没有乡村的振兴，城市的发展也会受到制约；没有精神文明的进步，物质文明也难以持久；没有强大的国防，经济建设的成果有可能毁于一旦。所以我们必须从整体上来统筹发展全局，推动区域、城乡、物质文明和精神文明、经济发展和国防建设相互促进、协调发展。

唯物辩证法深刻揭示事物之间相互联系的本质是事物之间既相互依存，又相互对抗的矛盾关系。一方面，矛盾无时不在、无处不有，矛盾的存在具有普遍性；另一方面，矛盾的存在是具体的，每一矛盾对立统一的双方都有各自的性质和特点，有其特殊性。每一矛盾在事物存在和发展中的地位也是不同的，在一定时期，其中一个矛盾处于支配地位，影响和决定着事物的性质以及发展的方向。这一矛盾是事物的主要矛盾，其他矛盾则属于次要矛盾。我们认识事物、解决问题，既要看到矛盾的普遍性，要全面地看待事物；又要看到矛盾的特殊性。矛盾有主次之分，我们要懂得抓住主要矛盾，即抓住事物的重点部位或关节点。既要全面又要学会抓重点，就是"两点论"和"重点论"的统一。在推动我国经济社会发展过程中，我们要坚持"两点论"和"重点论"的统一。一方面，我们要抓住主要矛盾，抓影响我国经济社会发展的重点地区和重点领域；另一方面我们要有全局观，从全国一盘棋的角度统筹我国的经济社会发展。"两点论"和"重点论"的统一是推动我国经济整体协调发展的方法论依据。

习近平总书记指出："下好'十三五'时期发展的全国一盘棋，协调发展是制胜要诀。我们要学会运用辩证法，善于'弹钢琴'，处理好局部和全局、当前和长远、重点和非重点的关系，在权衡利弊中趋利避害、作出最为有利的战略抉择。从当前我国发展中不平衡、不协调、不可持续的突出问题出发，我们要着力推动区域协调发展、城乡协调发展、物质文明和精神文明协调发展，推动经济建设和国防建设融合发展。"[1] 习近平总书记的重要论述为我国当前推动经济社会全面协调发展指明了发展重点和推进方向。

在推动区域协调发展上，我们要发挥各地区比较优势，促进生产力布局优化。以"一带一路"建设、京津冀协同发展、长江经济带发展等为重点，带动区域经济整体发展。重点支持经济社会发展较为落后的革命老区、民族地区、边疆地区、贫困地区加快发展，缩小它们与其他地区的差距。构建连接东中西、贯通南北方的多中心、网络化、开放式的区域开发格局，形成全国一盘棋的新局面。

在推动城乡协调发展上，我们要秉承城乡一体的发展理念，坚持工业反哺农业、城市支持农村和多予少取放活方针，鼓励资源和生产要素向农村流动，盘活农村资源，推动农业和农村现代转型。促进城乡公共资源均衡配置，加大公共资源向农村地区的投入，改善农村基础设施和发展环境，建设美丽乡村。加快形成以工促农、以城带乡、工农互惠、城乡一体的工农城乡关系，推动城乡同步发展。

---

[1] 习近平：《深入理解新发展理念》，《求是》2019年第10期。

在物质文明和精神文明协调发展上，我们要坚持社会主义先进文化前进方向，用社会主义核心价值观凝聚共识、汇聚力量，提升广大人民的道德素质；用优秀文化产品振奋人心、鼓舞士气，形成蓬勃向上的社会精神风貌；用中华优秀传统文化为人民提供丰润的道德滋养，提高精神文明建设水平。

在经济建设和国防建设融合发展上，要统筹经济建设和国防建设，建立全要素、多领域、高效益的军民深度融合发展格局，用先进的军事装备技术提升民用产品的质量，用民用高新科技增强军事装备实力。推进国防和军队建设同全面建成小康社会进程相一致，使两者协调发展、平衡发展、兼容发展。

三、推进人与自然和谐共生

习近平总书记指出："绿色发展，就其要义来讲，是要解决好人与自然和谐共生问题。人类发展活动必须尊重自然、顺应自然、保护自然，否则就会遭到大自然的报复，这个规律谁也无法抗拒。"[①] 习近平总书记的这一重要论述深刻阐明了绿色发展所蕴含的丰富哲理。

自然是人类生存和发展环境的总和。人类的生存和发展离不开自然，人类的创造物本质上是人化的自然，甚至人类本身就是自然的一部分。自然是一个自发的生态循环系统，有其自身的运行和发展规律。人类必须尊重自然规律，在顺应自然规律的基础上有节制地开发利用自然，才能在保证自然生态顺畅循环的前提下实现自身的发展，做到人与自然和谐共生。如果人类对自然过度开发，导致生态系统被破坏，灾害频发，人类的生存环境就会受到威胁，人类的生存资料也会出现短缺，人类的生活质量必然会下降。从这个意义上讲，保护自然就是

---

① 习近平：《深入理解新发展理念》，《求是》2019 年第 10 期。

保护人类自己，破坏自然就是伤害人类自身。以破坏生态环境为代价换取一时的发展和短期经济利益，最终将付出数倍于经济利益的代价，有的生态环境一旦破坏就永远不可恢复，甚至由此导致一个民族乃至一个国家的灭亡。人类历史上这样的事例并不鲜见。

我国的发展过程中在处理人与自然关系问题上也犯过不少错误。比如我们经常讲的"靠山吃山靠水吃水"，是指人类的生存方式在很大程度上依赖于他们所处的自然环境。但有人对此作出过度解读，认为经济要想腾飞，必须加大本地资源的开发力度，甚至提出"有水快流"的口号。这种只强调开发不强调保护的发展方式实质上是竭泽而渔的短视行为。它错误地把人与自然割裂开来、对立起来，把人与自然的关系简单地理解为利用与被利用的关系，并试图强调通过对自然的全方位开发来加快经济发展。历史经验反复证明，这种观点不仅是错误的，而且贻害无穷。如果这种观点转化为实际行动，不但会使生态环境遭到破坏，而且经济发展也难以为继。再比如在环境污染问题上，"先污染，后治理"的观念一度十分盛行。一些人认为只要先把经济搞上去，生态环境自然有办法解决。而且只有经济发展了，才有钱治理生态环境。他们经常以发达国家的历史为例，证明先污染后治理的合理性和可行性。针对这种观点，习近平总书记在2012年就明确指出："我们在生态环境方面欠账太多了，如果不从现在起就把这项工作紧紧抓起来，将来会付出更大的代价。在这个问题上，我们没有别的选择。人类的认识是螺旋式上升的。很多国家，包括一些发达国家，在发展过程中把生态环境破坏了，搞起一堆东西，最后一看都是一些破坏性的东西。再补回去，成本比当初创造的财富还要多。特别是有些地方，像重金属污染区，水被污染了，土壤被污染了，到了积重难返的地步。要实现永续发展，必须抓好生态文明建设。我们建设现代化国家，走美欧老路走不通的,再有几个地球也不够中国人消耗。中国现代化是绝无仅有、史无前例、空前伟大的。现在全世界发达国家人口总额不到十三亿,十三亿人口的中国实现了现代化,就会把这个人口数量提升一倍以上。走老路,去消耗资源,去污染环境,难以为继!"[1]

如果说改革开放初期我国经济实力弱、底子薄,通过加大资源开发力度来加速发展还有一定的可能性和必要性的话,那么时至今日,我国经济总量已经跃居全球第二,世界没有那么多的资源来保障中国以粗放方式继续维持经济增长,中国的资源环境也承受不起如此力度的消耗和破坏。转变发展观念和发展方式,坚持绿色发展,是我们的唯一选择,对此我们必须要有清醒的认识。

首先,一定要彻底摒弃先发展后治理的错误观念,牢固树立保护生态环境就是保护生产力,改善生态环境就是发展生产力的绿色发展理念。在转变发展观这一问题上,领导干部的作用至关重要。只有领导干部真正树立了绿色发展观,中国的发展方式才能够真正转变。因此,一定要使各级领导干部对保护生态环境坚定信念,坚决摒弃损害甚至破坏生态环境的发展模式和做法,决不能再以牺牲生态环境为代价换取一时一地的经济增长。

其次,要转变发展思路,向绿色要效益。不能像过去那样把生态环境治理理解成花钱的事,要通过生态产业化、产业生态化,实现生态环境治理和经济发展一体化。一方面要坚定推进绿色发展,推动自然资本大量增值,让良好生态环境成为既有生态效益,又有经济效益的高质量供给品,满足人民美好生活的需要;另一方面要利用高科技手段,对现有产业进行绿色化改造升级,降低资源消耗和环境污染,

---

[1] 中共中央文献研究室编:《习近平关于社会主义生态文明建设论述摘编》,人民出版社2017年版,第3-4页。

降低成本，提升产品质量和附加值，使绿色投入转化为经济收益。

四、坚持开放发展

当今世界，虽然贸易保护主义抬头，"逆全球化"有回潮之势，但全球化仍然是大势所趋，不可阻挡。全球化是科技进步和国际分工不断深化的必然产物。冷战结束后，全球市场一体化加速发展，企业面向全球市场展开竞争，就必须在全球范围内优化资源配置，集合不同国家的比较优势，把生产成本降到最低，这样产品才能在国际市场有竞争力。发达国家研发设计能力强，但劳动力工资远高于发展中国家，导致加工制造环节逐步向发展中国家转移。产业链的国际分工大大加强了国家间的经济联系。一个国家只有加入全球分工体系和贸易体系，才能利用世界市场优化资源配置，高效率地实现经济发展。

改革开放40多年来，中国不断扩大对外开放，深度融入世界经济体系。一方面利用我国大量廉价劳动力的巨大优势吸引国外资本和技术流入中国，由此中国成为全球最大的加工制造基地。另一方面，大量的中国产品通过国际市场销往全球各地，换回大量外汇，为我国进口发展所需要的能源、原材料和高技术产品提供了可靠的保障。通过对外开放，我国成功地把廉价劳动力优势转化为经济优势，这是我国40多年来经济快速发展的一个重要原因。

当前，我国对外开放面临的形势发生了巨大变化。特朗普政府执政期间，不断挑起中美贸易争端，中美关系面临严峻考验。特别是2020年，美国借口新冠肺炎疫情无端指责中国，推卸自身防控不力的责任。总体来看，中国对外开放形势变得复杂严峻，面临的困难和风险前所未有。

但不管形势如何变化，中国都必须坚定不移地扩大对外开放，这既是中国的基本国策，也是由中国当前面临的发展任务和目标所决定的。当前中国正处于经济转型升级的关键时期,面临着质量变革、动力变革和效率变革的艰巨任务,我们只有积极参与全球经济科技合作,吸收借鉴其他国家的先进经验,积极引进先进技术,利用全球市场优化我国的资源配置,提高发展效率,才可能顺利地、高效率地完成这一任务。正如习近平主席在世界经济论坛 2017 年年会开幕式上所指出的:"搞保护主义如同把自己关进黑屋子,看似躲过了风吹雨打,但也隔绝了阳光和空气。"没有海纳百川的开放胸怀,就不可能成就中华民族伟大复兴的伟大事业。

新时代坚持开放发展,要遵循两个基本原则。

第一,统筹国内国际两个大局。对外开放归根结底是为了利用国际资源和市场更好地发展国内经济,要以推进国内经济高质量发展为目标统筹国内和国际两个大局。必须立足我国国情,从我国经济社会发展的实际需要出发,用好国内和国际两种资源,在全球范围内优化资源配置,打造我国的比较优势;用好国内和国际两个市场,在立足国内市场、推动消费升级的同时,面向全球市场安排生产和贸易,坚持高水平引进来和大规模走出去并重,引资和引技并重,优化我国的经济结构;用好国内和国际两种规则,在通过对内改革推动国内规则与国际规则接轨的同时,积极参与全球治理体系建设,推动改革不合理的国际规则,形成公正合理透明的国际规则体系,提高我国在全球经济治理中的制度性话语权。

第二,提高对外开放的质量和水平。一方面要积极改善营商环境,提高法制化、规范化水平,营建多层次、高水平对外开放体系,吸引更多优质外资企业和外国产品进入国内市场,在满足广大人民消费需求的同时,促进国内企业提高技术实力和管理水平,提升竞争力;另一方面要创造条件引导国内企业"走出去",充分利用各国资源禀赋和比较优势，在全球范围安排生产经营布局，培育一批跨国龙头企业，强化我国企业的国际竞争优势。

五、切实践行共享发展理念

共享发展是我国社会主义制度的本质要求，也是社会主义制度优越性的集中体现。共享发展的实质是以人民为中心，也就是要坚持人民主体地位，顺应人民群众对美好生活的向往，不断实现好、维护好、发展好最广大人民的根本利益，做到发展为了人民、发展依靠人民、发展成果由人民共享。

共享发展体现的是逐步实现共同富裕这一社会主义根本目标的要求。它的内涵主要有4个方面。一是全民共享，即共享发展不是一部分人分享发展成果，而是全体社会成员共同分享，是全覆盖；二是全面共享，即共享发展从内容上要共享国家经济、政治、文化、社会、生态各方面建设成果，全面保障人民在各方面的合法权益；三是共建共享，即共享发展是以全民共建为基础的，共建才能共享，共建的过程也是共享的过程，要充分调动全体社会成员的积极性，形成人人参与、人人尽力、人人都有成就感的生动局面；四是渐进共享，即共享发展是一个由低水平向高水平、由少到多逐步发展提升的过程，这是由生产力水平决定的，共享的内容和质量将随着生产力的发展而不断丰富和提升，是一个不断发展完善的过程。这4个方面是相互贯通的统一整体，分别从不同维度界定了共享发展的基本内涵。

共享发展理念与马克思主义的基本主张是相一致的。马克思主义认为，以私有制为基础的社会制度本质上都是剥削制度，因为少数人凭借对生产资料的垄断性占有，无偿占有别人的劳动成果。如奴隶主不但占有奴隶的劳动成果，而且占有奴隶本身；地主以地租的形式无偿占有农民的部分劳动成果；资本家以利润的形式占有工人的部分劳动成果。要消灭剥削现象，实现人的全面自由发展，就必须消灭生产资料私有制。把生产资料置于全体社会成员的共同支配之下，使之成为大家获取生存资料和发展资料的手段。马克思设想的未来共产主义社会，是以生产资料公有制为基础的，在这一基础上，全体社会成员共同劳动，共享生产资料的使用权，阶级之间、城乡之间、脑力劳动和体力劳动之间的差别将彻底消失，个人消费品按照各尽所能、按需分配的原则在全体社会成员中间进行分配，也就是共同分享发展劳动成果。由此可见，共享是共产主义的基本特征。

在我国社会主义初级阶段，受限于生产力发展水平，能够共享的发展成果还十分有限。尽管如此，我们也要根据现有条件把能做的事情尽量做起来，并随着生产力的发展逐步扩大共享的成果。

第一，坚持把发展放在首位，先把"蛋糕"做大。巧妇难为无米之炊，分享的前提是有可分享的东西。没有生产力的发展、物质产品和精神文化产品的不断丰富，分享就成了无源之水、无本之木，就变成了空想。一小块蛋糕要分给一群人，无论怎么分，也不可能让所有人吃饱。要想让所有人吃饱，先得把蛋糕做大。因此，在我国经济社会发展水平总体还比较落后的今天，发展仍然是最重要的任务。要充分调动人民群众的积极性、主动性、创造性，举全民之力共同推进发展大局，不断把"蛋糕"做大。

第二，改革和完善分配制度，把"蛋糕"分好。我们强调先把"蛋糕"做大，绝不是不重视分"蛋糕"，而是强调分配必须以发展为前提。但是从另一方面讲，发展是一个无止境的过程，人们的需求和欲望不是一成不变的。如果非要等到所有条件都完备了再谈共享问题，可能永远也没有这一天。"俟河之清，人生几何？"分配问题是和每一个人的日常生活息息相关的。所以我们必须在发展生产的同时就努力解决好分配问题，在兼顾效率和公平的前提下为广大人民提供尽可能多的公共产品，让社会主义制度的优越性得到更充分体现，让人民群众有更多获得感。共享发展事关十四亿中国人民的切身利益，是最基本的公平正义。这个问题处理不好，会严重影响我国的社会稳定和长远发展，我们不能有丝毫大意。习近平总书记指出："落实共享发展是一门大学问，要做好从顶层设计到'最后一公里'落地的工作，在实践中不断取得新成效。"[①]我们要认真贯彻落实习近平总书记的重要讲话精神，把好事做实做细，让每一个社会成员都从中受益。

第三节 以供给侧结构性改革为主线建设现代化经济体系

建设现代化经济体系的一个重大现实背景是，2008年全球金融危机之后，我国经济发展逐步进入新常态，经济由高速增长转为中高速增长，面临着经济结构升级优化、发展方式和增长动力转换等一系列重大任务和挑战。这些任务和挑战主要集中于供给侧，以往以需求管理为主的宏观经济政策已经无法满足我国经济进一步发展的需要。中国经济发展形势的变化迫切要求通过供给侧改革释放经济活力，优化供给结构，提升供给质量，转换发展方式，打造新的增长动力，构建新的机制体制。这些改革任务的推进过程就是建设现代化经济体系的过程。所以我们必须以供给侧结构性改革为主线推进现代化经济体系建设。

---

① 习近平：《深入理解新发展理念》，《求是》2019年第10期。

一、供给侧结构性改革的内涵

供给侧结构性改革是针对中国经济进入新常态、总供给结构与总需求结构严重失衡、总供给滞后于总需求变化这一状况提出的具有全局性、战略性的改革措施，其目的是重塑动力机制，转变经济增长方式，推动供给结构升级，使我国经济由高速增长阶段顺利转向高质量发展阶段。

马克思主义认为，社会经济活动的生产、分配、交换、消费四个主要环节是相互影响、相互制约的关系。其中，生产是经济活动的起点，是居于支配地位的主导环节，它决定分配、交换、消费的内容和数量。分配、交换、消费等环节对生产具有反作用，能够促进或延缓生产的发展。消费作为经济活动的终点，是生产的最终目标。消费对生产具有导向和引领作用，如果生产和消费不相适应，二者都将遭受损失。总之，只有生产、分配、交换、消费这四个环节相互适应，社会经济才能持续平稳发展。

马克思通过对社会总资本再生产的分析，进一步阐明生产与消费的平衡，不仅有总量平衡的问题，更重要的是结构平衡问题。社会总产品在价值上与社会总需求相等，并不意味着就实现了供求平衡。关键在于二者在结构上相匹配。具体而言，生产资料的供给要与生产资料的需求在实物和价值上相匹配，消费资料的供给要与消费资料的需求在实物和价值上相匹配。只有满足结构性条件，总供给与总需求才能平衡，社会经济才能顺畅运行。

当前我国经济的突出问题是生产与消费结构不匹配，也就是供求不匹配、不平衡。这当中既有供给方面的问题，也有需求方面的问题，但主要是供给端的问题。具体表现为：第一，低端产能过剩，造成无效供给、资源错配。近年来，随着产业链下游的房地产等行业发展趋缓，产业链上游的煤炭、钢铁、水泥、建材等传统产业产能普遍出现过剩，产能利用率明显下降，出现了大批"僵尸企业"。这种现象表明，我国的房地产需求已经走过发展高峰，社会需求结构发生转变，但供给侧的调整没有跟上需求的节奏，对市场变化的反应严重滞后，造成传统行业产能过剩，资源浪费。解决这一问题的根本途径是调整供给结构，压缩低端产能，减少无效供给。第二，中高端产品供给不足，依赖进口。随着我国经济快速发展，居民收入持续增长，消费结构升级的趋势越来越明显，居民对高质量商品和服务的需求不断增长，但国内供给没有跟上需求的步伐。由于创新和技术进步能力不足，中高端产品和服务出现供给缺口，以至于发生大量居民到境外购买高端日用品的现象。第三，要素流动的渠道不畅，机制体制障碍依然存在，导致供给结构调整缓慢，供给对需求变化的适应性、灵活性不足，供求矛盾日益加剧。

上述问题从总体上反映了我国社会主要矛盾的变化。制约我国经济社会发展的主要问题已经不再是供给总量不足，而是供给结构不合理、供求不平衡。我国社会主要矛盾已经变为人民日益增长的美好生活需要和不平衡不充分的发展之间的矛盾。解决我国社会主要矛盾的途径之一就是从供给侧入手，通过供给侧结构性改革，破除要素流动和供给结构调整的体制机制障碍，减少无效供给，增加有效供给。

供给侧结构性改革是我国经济跨越发展关口的迫切需要。我国经济正处于由不发达阶段向发达阶段、由中等收入国家向高收入国家跨越的关键时期，转换增长动力、转变发展方式、提升发展质量是顺利实现这一跨越的关键举措。这些举措都聚焦于供给侧。正如马克思主义所阐明的，生产环节是经济活动的决定性环节，生产的质量和水平决定着一个国家的经济发展水平。通过供给侧结构性改革，推动供给结构升级、供给质量提升,是我国跨越发展关口的根本途径。

二、供给侧结构性改革与现代化经济体系建设的关系

2016年1月18日,习近平总书记在省部级主要领导干部学习贯彻党的十八届五中全会精神专题研讨班上的讲话中指出,我们讲的供给侧结构性改革,既强调供给又关注需求,既突出发展社会生产力又注重完善生产关系,既发挥市场在资源配置中的决定性作用又更好发挥政府作用,既着眼当前又立足长远。供给侧结构性改革作为我国今后一个时期重点推进的重大战略举措,既有当前目标,也有长远目标。当前目标是解决现阶段我国经济供求结构不平衡的问题,长远目标则是打造中国经济发展的新动力、新方式,提高供给质量和效率,而后者正是建设现代化经济体系的主要内容。党的十九大报告指出:"我国经济已由高速增长阶段转向高质量发展阶段,正处在转变发展方式、优化经济结构、转换增长动力的攻关期,建设现代化经济体系是跨越关口的迫切要求和我国发展的战略目标。必须坚持质量第一、效益优先,以供给侧结构性改革为主线,推动经济发展质量变革、效率变革、动力变革,提高全要素生产率,着力加快建设实体经济、科技创新、现代金融、人力资源协同发展的产业体系,着力构建市场机制有效、微观主体有活力、宏观调控有度的经济体制,不断增强我国经济创新力和竞争力。"[①] 由此可见,供给侧结构性改革是建设现代化经济体系的重要抓手,是适应和引领经济发展新常态的重大创新,是推动我国经济转型升级的突破口和着力点。

当前我国经济存在的根本问题是大而不强。虽然我国经济总量已经位居世界第二,但经济发展方式粗放,创新能力不足,发展的质量

[①]《中国共产党第十九次全国代表大会文件汇编》,人民出版社2017年版,第24页。

第四章
建设现代化经济体系必须坚守的基本原则

和效率不高，国际竞争力总体不强。这些问题成为阻碍我国向社会主义现代化强国迈进的瓶颈性问题。

当前我国经济增长还是以"数量型"增长为主，即产值的增长主要是通过产品和服务数量的增加实现的，而不是通过提高产品的质量、技术含量和附加值实现的。这种增长方式不仅受到要素投入增长的限制，而且也受到产品和服务市场需求的约束，呈现出边际收益递减的特征，具有不可持续性。近年来，我国很多传统行业都出现了产能过剩、市场饱和的问题，如纺织、服装、鞋帽、玩具、家电、建材等。上述产品在国内市场的销量增长缓慢，在国际市场又面临着东南亚、南亚和非洲国家同类产品的激烈竞争，发展空间越来越窄。一方面，我国的高技术产品、高品质产品和服务长期供不应求，依赖进口。这种结构性失衡的局面其实也是"数量型"增长方式造成的后果。长期以来，我们依靠外延式扩张维持经济增长，依靠低生产成本基础上的价格优势在国际市场上获得竞争优势。尽管这一点确实是我们的比较优势，我们选择这一发展方式具有合理性和必然性，但它客观上存在着明显的弊端，即过分依赖廉价劳动力优势，产品大多属于中低端，技术门槛不高，可替代性强。随着我国经济发展和收入水平的提高，这种竞争优势自然而然被削弱。而当其他后发国家进入这些传统行业时，我们的竞争优势将逐步消失。此外，由于我们把重点放在加工制造环节，产业链上游的基础技术和装备以及研发设计环节、产业链下游的销售体系及服务体系都掌握在别国手中，这就导致我国产业不仅盈利能力弱，而且容易受制于人。不仅后发国家在中低端市场挤压我们的市场份额，而且一些发达资本主义国家也利用技术和市场的优势地位卡我们的脖子。这种局面是改革开放以来前所未有的，它表明中国经济已经到了阶段性转折的关头，必须要根据形势的变化进行重大调整，打造新的竞争优势。

另一方面，随着我国全面建成小康社会的顺利推进，居民收入持续增加，我国的消费结构也在不断升级。总体来看，食品、服装等基本生活消费支出占比呈下降趋势，教育文化娱乐、交通通信等服务业消费支出占比持续提高。这一变化趋势符合消费发展规律，表明我国居民生活基本实现了小康，正由小康阶段向富裕阶段迈进，追求高质量生活正逐步成为消费的热点。消费结构升级要求供给结构进行相应的调整。在广大人民生活需求总体上得到满足的情况下，量的扩张已经不是我国经济发展的主要目标，质的提升才是重点。我国不仅要提升产品的质量，而且要大力发展教育、医疗、旅游、康养等服务业，加大高水平服务供给，满足人民美好生活的需要。

总之，无论从生产发展趋势，还是从消费变化趋势看，我国经济都需要进行结构调整和产业升级，必须解决供求结果不平衡、经济效率不高、实力不强的问题。建设现代化经济体系，就是要通过打造以创新驱动为主的动力机制，推动产业结构优化升级，增加高端产品和高质量产品供给，大力发展战略性新兴产业，重塑我国竞争优势，提高经济发展的质量和效率。而要实现这一目标，当前亟须推进的举措就是供给侧结构性改革。供给侧结构性改革通过体制机制创新，促进生产要素自由流动和优化组合，强化市场优胜劣汰竞争机制，促进技术进步和创新驱动，最终实现产业结构升级和经济高质量发展这一战略目标。

三、供给侧结构性改革的重点

供给侧结构性改革必须在充分发挥市场决定作用的基础上，更加合理有效地发挥政府的作用。围绕重塑动力机制、转变发展方式等具有战略意义的重大任务采取一系列有针对性的举措，全力以赴建设现代化经济体系。

第一，在市场机制建设层面，要大力推动生产要素市场化配置，加快构建更加完善的要素市场化配置体制机制。生产要素市场化配置是经济资源市场化配置的基础和关键，也是实现创新驱动发展的必要条件。长期以来，由于受到管理体制等制度因素的制约，我国生产要素市场化配置程度不高，严重制约了资源配置的整体效率。从根本上讲，我国经济结构性矛盾的根源就在于生产要素市场化配置程度不高，配置效率低。深化供给侧结构性改革的基础性工作，就是要改革生产要素配置机制体制，提高市场化配置程度，让生产要素充分流动，优化生产要素配置和组合，提高生产要素利用水平，推动经济向高质量发展转变。2020年3月底出台的《中共中央、国务院关于构建更加完善的要素市场化配置体制机制的意见》针对土地、劳动力、资本、技术、数据五种重要生产要素，提出市场化配置的改革方向和具体举措，强调要坚决破除各类要素流动壁垒，完善要素价格形成机制和市场运行机制。这一文件的出台可谓正当其时。加快要素市场化改革是深化供给侧结构性改革、解决制约全局深层次矛盾的重要突破口，对于转变发展方式、优化经济结构、转换增长动力具有重要意义。

第二，在经济结构层面，要积极推动产业结构优化升级。一方面，要采取市场手段和行政手段相结合的办法，推动传统产业优化升级，从根本上解决传统行业产能过剩问题。要继续深化"三去一降一补"工作。把处置"僵尸企业"作为重要抓手，推动化解过剩产能，促进产业优化重组，降低企业成本；推动传统产业技术升级和信息化、智能化改造，提升传统产业的技术实力、产品品质和竞争能力。另一方面，要利用政策优惠，鼓励高科技产业、战略性新兴产业和现代服务业快速成长，培育一批具有创新能力的排头兵企业。要利用税收、信贷优惠等鼓励性政策，扶持新一代信息技术、高端装备制造等战略性新兴产业加快发展，推动军民融合深度发展；鼓励私人资本投资旅游、养老、教育、医疗等服务业；鼓励先进制造业和现代服务业融合发展。

第三，在动力机制层面，要加大对研发工作的支持力度。现代创新是建立在科学知识进步和技术转化的基础上的，是一项系统工程。没有扎实的基础科学研究，就不会有高水平的创新和技术进步。必须加大对基础学科研究的支持力度，改革科研考核制度和职称评聘制度，为科研工作者创造宽松的研究环境，鼓励学者持续深入研究和解决本学科的重大问题，避免科研目标短期化、科研活动功利化。在技术转化层面，要充分发挥政府组织协调研发资源的优势，鼓励科研力量优化组合，企业和科研机构协同攻关，集中力量尽快攻克制约我国传统产业升级和高新产业壮大的关键性技术。进一步提升企业自身研发能力，通过政策优惠鼓励企业建立研发平台，培育自己的研发队伍。

第五章
系统推进现代化经济体系建设

2018年1月30日，习近平总书记在主持中共中央政治局第三次集体学习时的讲话中，从产业体系、市场体系、收入分配体系、城乡区域发展体系、绿色发展体系、全面开放体系、经济体制七个方面对现代化经济体系的基本结构和本质要求做了简明而又清晰的阐述。这一阐述为我们全面、准确理解现代化经济体系提供了重要的指导。建设现代化经济体系，要协同推进这七个方面的建设。

第一节 创新引领、协同发展的产业体系

习近平总书记指出："要建设创新引领、协同发展的产业体系，实现实体经济、科技创新、现代金融、人力资源协同发展，使科技创新在实体经济发展中的贡献份额不断提高，现代金融服务实体经济的能力不断增强，人力资源支撑实体经济发展的作用不断优化。"① 这一重要论述抓住了现代产业体系的三个本质特征：一是实体经济为支撑；二是科技创新为动力；三是协同发展为保障。

一、强大的实体经济是现代化产业体系的根本支撑

实体经济是指"由商品和服务的生产、交换、分配、消费的运动过程所形成的经济系统"。② 它是与虚拟经济相对应的一个概念。虚拟经济是指"由虚拟资本的产生、交易和流通所形成的经济系统"。③ 虚拟资本是指"以各种有价证券形式存在的、能够给其持有者带来一定

---

① 《习近平在中共中央政治局第三次集体学习时强调 深刻认识建设现代化经济体系重要性 推动我国经济发展焕发新活力迈上新台阶》，《人民日报》2018年2月1日。
② 刘树成主编：《现代经济词典》，凤凰出版社、江苏人民出版社2004年版，第926页。
③ 刘树成主编：《现代经济词典》，凤凰出版社、江苏人民出版社2004年版，第1121页。

收入的资本"。①虚拟经济的代表性产业是金融业，虚拟经济是市场经济条件下实体经济不断发展的产物，有利于优化实体经济资源配置、完善企业组织结构、分散实体经济风险，在现代市场经济中，虚拟经济发挥着重要作用。但是，虚拟经济归根结底是为实体经济服务的，它的作用只有通过实体经济的发展才能体现出来。没有实体经济，虚拟经济就是空中楼阁，这一点不能本末倒置。此外，虚拟经济由于具有高投机性、高风险性、高流动性和不稳定性等特点，有可能反过来损害实体经济发展。在人类历史上发生过多次的金融危机就是由于虚拟资本过度投机导致的，并对实体经济造成严重冲击。2007年由美国次贷危机引发的全面金融危机，到2008年演变为全球性的经济危机。因此，一国经济要持续健康发展，需要正确处理实体经济与虚拟经济的关系，必须把实体经济放在发展的第一位。

做大做强实体经济，首先要抓住重点和关键，做大做强现代制造业。制造业是实体经济的核心和关键，是强大的现代产业体系乃至现代化经济体系的根本支撑，是决定一个国家实力和竞争力的最重要的因素。当前，做强中国制造业必须在新一代信息技术产业、高档数控机床和机器人、航空航天装备、海洋工程装备及高技术船舶、先进轨道交通装备、节能与新能源汽车、电力装备、农机装备、新材料、生物医药及高性能医疗器械等重点领域聚集各方面资源，加快发展速度，力争使我国在这些领域赶超世界先进水平。与此同时，我们要脚踏实地筑牢制造业发展的理论基础和技术基础。制造业的强大，表现为整体技术水平处于领先地位，这需要深厚的基础理论研究和先进的研发体系作支撑。因此，做大做强现代制造业不是一朝一夕之事，需要我们坚持不懈地努力，做好基础性的研究工作。

---

①刘树成主编：《现代经济词典》，凤凰出版社、江苏人民出版社2004年版，第1122页。

其次，要营造有利于实体经济发展的经济社会环境。要充分发挥市场在资源配置中的决定性作用，利用市场供求机制、价格机制和竞争机制，引导和促进企业努力通过技术进步实现产品升级和产业升级，向市场提供满足人民美好生活需要的高质量产品。建立统一、开放、竞争、有序的市场体系，打破市场垄断，消除进入壁垒，打造公平、开放的竞争环境，促使企业不断提高自身实力。

最后，要完善激励实体经济发展的制度体系。要重视知识产权保护，营造激励研发创新的制度环境；要适当调整收入分配政策，特别是在收入再分配过程中，利用税收和转移支付政策，使收入分配向实体经济倾斜。要抑制和打击各种非法金融投机活动，堵住制度漏洞。

二、创新和技术进步是引领实体经济转型升级的主导力量

我们之所以反复强调创新和技术进步对于建设现代化经济体系的重要性，是因为第二次世界大战以来，无论是老牌资本主义国家，如英、美、法、德等国，还是成功实现现代化，从而完成由低收入国家向高收入国家跨越的后发国家，如新加坡和韩国，其发展经历都表明，只有通过技术进步和产业升级，实现主导产业高端化，才能做到这一点。新加坡属于华人占主体的国家，从1965年独立建国以来，其经济成功实现了从劳动密集型产业到资本技术密集型产业、再到知识密集型产业的升级，从而跨入发达国家行列。其成功经验值得我们借鉴。

20世纪60年代，新加坡抓住发达国家产业升级、传统的劳动密集型产业外移的机会，大力发展出口导向型劳动密集型产业，带动了经济起飞，完成了初步工业化。20世纪70年代末80年代初，新加坡再次抓住发达国家产业进一步升级的机会，通过引进外资以及外国的先进技术，大力发展发达国家外移的资本和技术密集型产业，成功地建

立起以电子电器、石油提炼、机械制造（主要是造船）为主体的制造业，建立起门类相对齐全、结构相对合理、以资本和技术密集型的重化工业为中心的产业结构，实现了产业结构的升级和优化。在经济发展过程中，新加坡政府十分重视发展制造业，其目标是要确保中长期内制造业至少占国内生产总值的 25%，并且每年至少增长 7%。制造业在新加坡一直占有重要地位，是经济增长的双引擎之一。1997 年，制造业在新加坡国内生产总值中的占比达到 24.3%。①1998 年东南亚金融危机之后，新加坡加快推动经济结构调整和产业升级，大力发展知识经济。2002 年，新加坡贸工部首次明确指出知识经济主要指的是制造业和服务业。为了发展知识经济，新加坡经济发展局提出"产业 21 计划"，旨在 10 年内将制造业和服务业发展为新加坡经济的双引擎。新加坡政府还特别重视对技术研发和创新活动的支持，拟订"科研、创新和企业"（Research，Innovation and Enterprise，简称 RIE）五年计划，拿出巨额资金支持高校和企业的科研创新活动。2011—2015 年的 5 年中，新加坡政府为 RIE 计划总共投资 161 亿新元，2016—2020 年的 RIE 投资共投资 200 亿新元。新加坡还制订了 21 世纪工业园计划，新建的工业园将融合各种商业、工业、科技、研究与开发活动，协助国家经济转型到知识经济。②

正是由于政府对创新和技术进步的高度重视和大力支持，新加坡成功地完成了两次产业升级，赶上了发达国家的步伐，实现了从第三世界到第一世界的跨越式发展。

---

① 冯邦彦：《香港与新加坡产业结构及经济政策的比较研究》，《学术研究》2001 年第 7 期。
② 上述材料和数据分别来自国泰君安研究报告《从第三世界到第一世界：新加坡的故事——供给侧改革专题研究之 X》（2016 年 5 月 11 日）和《新加坡政府五年为 RIE 投资 161 亿元 国立研究基金会促更多私企投资科研》，《联合早报》2015 年 12 月 9 日。参见中国国际贸易促进委员会网站，www.ccpit.org/Contents/Channel_3429/2015/1209/510853/content_510853.htm。

中国的国土面积和人口比新加坡大得多，情况也比新加坡复杂得多，我们不可能通过照搬新加坡的经验而实现现代化。但新加坡的成功揭示出一条普遍性规律：只有通过创新和技术进步，实现产业升级和现代化，才能真正实现国家的全面现代化。中国目前正面临着产业结构进一步升级的问题，从新加坡的成功经验以及欧美发达国家产业升级的经历中可以看到，研发创新和技术进步是顺利实现产业升级、成功跨越"中等收入陷阱"的关键。

首先，创新要以企业为主体、市场为导向。2016年5月，习近平总书记在黑龙江省考察高新技术产业发展情况时指出："黑龙江要依托高等院校和科研机构、发挥传统产业优势、激发企业活力，政府要做好服务和引导工作。只要选准发展方向，脚踏实地，求真务实，持续推进，发展战略性新型产业大有可为。"[1] 习近平总书记的指示为我国技术创新的实现路径指明了方向。长期以来，我国的科研体系主要是由政府出资并主导的，科研的主体是高校和相关研究机构。实践表明，这样的研发体系效果并不好，主要的问题是科研导向性不明，成果转化率低。在市场经济条件下，企业本身就有技术创新的动力和压力。一方面，市场竞争机制导致优胜劣汰、强者为王，本身就有促进技术进步的作用；另一方面，市场经济条件下企业自身为获取超额利润具有通过改进生产技术降低成本、提高质量的动力；此外，企业处于市场第一线，掌握着行业技术动态最全最新的信息，它们最清楚技术可能从哪个方向突破，也最清楚需要什么样的技术创新。以企业为主体开展技术研发，成功率高，适用性强。因此，建立和完善以企业为主体、市场为导向的技术研发体系，是推进我国企业技术进步和产业升级的

---

[1]《习近平：创新要以企业为主体、市场为导向、政府搭平台》，新华网，http://www.xinhuanet.com/politics/2016-05/25/c_1118930744.htm。

高效途径。当前我国企业技术研发体系不完善，实力不强，研发投入偏少，与发达国家差距很大，这方面亟待改善。目前国际上一些高科技企业不仅有自己的研发机构和专门的研发团队，而且研发投入也是相当大的。唯有如此，才能确保其技术领先地位。欧盟委员会发布的《2018年欧盟工业研发投资排名》显示，2017会计年度全球科研投资排行前2500名的公司共投资7364亿欧元。其中，美国科研投入占全部投入的37.2%，共778家企业上榜，排名第一；欧盟占27.2%，共577家企业上榜，排名第二；日本以13.6%的占比排名第三，上榜企业339家；中国占9.7%，上榜公司数量达到438家，虽然中国的上榜企业数量比日本多了22.6%，但是科研投入却比日本少了28.6%。我国企业科研投入总额约为美国的四分之一。在科研投入排名前50的企业名单中，美国共22家公司上榜、欧盟有18家、日本有6家、瑞士有2家、韩国有1家、中国只有华为1家。[①]上述数据清楚地显示，美国科技实力领先全球的根本原因是企业对研发的高度重视和高强度投入。当然，以企业为主体的技术研发体系不能抛开政府和高校等科研机构独自进行。在建立以企业为主体的技术研发体系时，政府、企业和高校应既有分工、又有协作。政府应根据全球技术进步的趋势和产业发展需要制订技术研发计划，并提供相应的资金和政策支持；企业根据发展需要开展技术研发，企业自身要有相应的研发投入，政府也要给予适当的资金支持，政府应制定政策鼓励企业发展成为技术创新的决策主体、投资主体和收益主体；高校在开展基础研究的同时，也要根据政府和企业的需要开展技术研发。高校特别是工科院校应发挥自身的人才优势和研发设备优势，加强与相关企业的联系，助力企业技术攻关。

---

① 《全球研发投入前50名企业中，中国仅华为上榜，美国有22家！》，参见 https://baijiahao.baidu.com/s?id=1621920721829340114&wfr=spider&for=pc。

其次，政府对技术创新的外部支持也十分关键，政府要为企业创新提供良好的外部环境。虽然创新是一种市场行为，它的活动主体是企业，但由于创新属于高风险行为，政府的支持力度决定了创新的高度。为了顺利推进创新活动，政府应该制定多种鼓励创新的政策措施，帮助企业消除创新活动的外部障碍。第一，政府应大力支持基础理论研究。现代科技的重大突破，如芯片、大数据、人工智能等是建立在基础理论突破的基础上的。没有扎实的基础理论研究，技术突破很难深入。由于基础理论研究费时费力费钱，其成果往往具有公共性，对单个企业而言，既没有实力也没有意愿投资基础理论研究。因此，国家应该从长远考虑，承担起这部分责任，大力资助高校和科研机构开展基础理论研究。第二，国家应鼓励企业和科研机构合作，开展技术攻关。长期以来，我国科研机构与企业之间缺少联系桥梁，科研活动与企业技术需求脱节，科研成果转化率不高。这样既浪费了科研资源，又不利于企业技术进步。政府出台政策大力鼓励科研机构与企业开展合作，针对企业技术需求开展科研攻关，加强科研活动的指向性。第三，鼓励科研成果市场化。应制定政策保护科研人员职务科技成果所有权、使用权和收益权，激励科技成果的市场转化。2020年3月出台的《中共中央、国务院关于构建更加完善的要素市场化配置体制机制的意见》提出："深化科技成果使用权、处置权和收益权改革，开展赋予科研人员职务科技成果所有权或长期使用权试点。"这对于促进科技成果市场化具有重要作用。

三、实体经济、科技创新、现代金融、人力资源协同发展是现代化产业体系的基本要求

现代化产业体系的基本特征就是科技、管理、数据等现代生产要

素在社会生产过程中的大量使用，它们以不同的方式与传统生产要素紧密结合在一起，渗透到现代生产过程的各个环节，使得各个环节、各种活动高度专业化，从而促进了生产效率的提高，使得现代化产业体系表现为一个多单元、多层次、结构复杂、动态发展的系统。其中，实体经济、科技创新、现代金融和人力资源是现代化产业体系最重要的组成部分，或称为四个子系统。

实体经济是现代化产业体系的基础和核心。一个社会生存和发展所需的全部生活资料都是通过实体经济的生产活动直接生产出来的，其他社会系统都是直接或间接为实体经济服务的。一个国家要增强经济实力，关键是做强实体经济。但是在现代化市场经济条件下，社会生产呈现出高度专业化分工的特征。实体经济的直接生产活动仅仅表现为社会生产总过程的一个环节，实体经济生产活动的顺利进行离不开其他环节或其他子系统的有效配合。实体经济的强大是建立在其他环节强有力支持的基础上的。在当今世界，发展实体经济绝不能闭门造车，必须推动实体经济与支持其发展的科技创新、现代金融和人力资源等服务性环节紧密配合、协同发展。

科技创新子系统是为实体经济提供研发和技术支持的子系统。第二次世界大战以来，随着科技革命的不断推进，科学技术对实体经济的渗透越来越广泛、越来越深入，作用也越来越突出。不仅新兴产业的产生壮大几乎完全是建立在技术突破的基础上的，如电脑、手机、互联网等，而且传统产业也通过应用新兴技术而实现改造升级，如机器人在汽车、纺织等行业的使用，极大地提升了生产的自动化水平。一个国家科技创新能力与其实体经济的发展水平是呈正相关的，从诺贝尔自然科学奖获奖科学家分布状况就可以看出这一点。诺贝尔自然科学奖是奖励那些在自然科学领域做出重大原创性贡献的科学家的。

从 1943 年到 2003 年，获得诺贝尔物理、化学、生理学或医学奖的科学家中，美国以 182 人次独占鳌头，远远领先其他国家，排位 2～10 名的分别是英国（49 人次）、德国（27 人次）、苏联（俄罗斯）（11 人次）、瑞典（10 人次）、法国（9 人次）、瑞士（9 人次）、日本（7 人次）、丹麦（5 人次）、加拿大（5 人次）。20 世纪下半叶，上述 10 个国家基本上位列当时世界上经济最强大国家之列。与发达国家相比，我国科技创新能力不足，绝大多数行业的核心技术和关键技术受制于人，这是我国实体经济大而不强的根本原因。我国要建设现代化经济体系，打造现代化强国，就必须补齐科技创新这一短板。提升科技创新能力，一方面要加大研发投入，特别要鼓励相关企业增加研发投入；另一方面要改革科研管理体制，下放权力，尊重科研人员的自主性，激发科研人员的活力。

现代金融是现代化产业体系中十分重要的环节。金融是现代经济体的"血液"，它通过各种形式的融资和财富管理活动，对产业结构优化升级和资源优化配置起着至关重要的作用。现代金融对高科技产业的促进作用尤为明显。美国硅谷高科技产业的成功离不开多种形式的金融支持。近年来，我国金融业发展迅速，对实体经济的支持力度有所加强。这几年涌现出的一大批成长迅速的优秀创业型企业，如小米、拼多多等，其短时期内发展壮大离不开各种创投基金的支持。但总体来看，我国金融业服务实体经济的能力还不强，特别是中小微企业融资难的问题还没有得到根本解决，甚至表现出一些脱实向虚的不良倾向。建设现代化经济体系，必须构建多层次的金融服务体系，畅通金融服务实体经济的渠道，稳步推进金融市场化改革，有序推进资产证券化。在控制风险的前提下，鼓励科技金融产业大胆创新。

人力资源包括人才培养和人才合理使用两个方面。人才是最宝贵的资源，这一点在高新技术产业尤为显著。在这些领域，一个创业型人才或领军型技术人才甚至可以决定一家企业的崛起。可以说，没有乔布斯就没有今天的苹果公司，没有张忠谋就没有今天的台积电。目前我国在人才培养和人才使用方面还存在一些问题，首先是高级人才培养滞后，我国接受高等教育的人数比重与发达国家还存在一定差距。2018年，我国高等教育毛入学率接近50%。美国、德国、法国和英国分别为88.2%、70.3%、65.6%和60.0%。其次是人才使用不尽合理，人力资源错配现象严重。受制于传统观念和体制因素，我国大量接受过高等教育的人才拥挤在体制内或少数高收入行业内，甚至与所学专业完全脱节，造成人力资源严重浪费。据统计，2017年清华大学毕业生进入金融业的比例高达19.6%，进入制造业的仅占6.9%；同期北京大学毕业生有23.05%选择金融业，进入制造业的不足1.0%。[1]建设现代化产业体系，必须改革人才培养和使用制度，建立相应的激励机制，鼓励优秀人才投身实业，鼓励人才合理流动。

在现代化产业体系中，实体经济、科技创新、现代金融和人力资源不是简单的并列关系，它们在产业体系中执行不同的功能，四者相互配合、相互促进，共同推动现代化产业体系的正常运转。四者的联系不是单线单向的，而是多线交叉互动的；四者的相互关系、结构、比例不是固定不变的，而是随着产业体系的发展动态演进的。总体而言，实体经济是产业体系的核心和最终目标，科技创新、现代金融和人力资源是支撑实体经济走向现代化的重要因素。有学者指出，科技创新、现代金融和人力资源之所以是现代产业体系的主要支撑力量，是因为它们与实体经济的协同发展体现了内生经济增长的理论逻辑。内生经

---

[1] 付保宗等：《加快建设实体经济、科技创新、现代金融、人力资源协同发展的产业体系研究》，《宏观经济研究》2019年第4期。

济增长理论把驱动现代经济增长的生产要素拆解为四种要素：物质资本、劳动力、科技进步和人力资本。虽然四者都是必不可少的，但在推动经济发展中的作用是不同的。其中，物质资本和劳动力具有规模报酬递减的特点，难以支撑经济长期持续增长；而科技进步和人力资本具有报酬递增特性，能够成为驱动经济持续增长的动力源泉。[①]

第二节 统一开放、竞争有序的市场体系

习近平总书记指出："要建设统一开放、竞争有序的市场体系，实现市场准入畅通、市场开放有序、市场竞争充分、市场秩序规范，加快形成企业自主经营公平竞争、消费者自由选择自主消费、商品和要素自由流动平等交换的现代市场体系。"[②]这一重要论述指明了作为现代化经济体系重要组成部分的市场体系的总体发展目标和要求。

改革开放40多年来，伴随着中国经济的快速成长，市场体系建设也经历了从不合法到合法、从隐蔽到公开、从小到大、从商品市场到包括要素市场在内的完整市场体系的根本性转变。统一开放、竞争有序的现代市场体系初步形成，市场在资源配置中的决定性作用逐步加强，成为我国社会主义市场经济体制的重要组成部分。建设统一开放、竞争有序的现代市场体系是建设现代化经济体系的重要内容，对于提高资源配置效率，满足人民美好生活需求具有重大意义。

一、建立公平开放透明的市场规则

[①]付保宗、周劲：《协同发展的产业体系内涵与特征——基于实体经济、科技创新、现代金融、人力资源的协同机制》，《经济纵横》2018年第12期。
[②]《习近平在中共中央政治局第三次集体学习时强调 深刻认识建设现代化经济体系重要性 推动我国经济发展焕发新活力迈上新台阶》，《人民日报》2018年2月1日。

第五章
系统推进现代化经济体系建设

市场是商品和服务的交易场所，不同的商品和服务有不同的市场，这些市场相互联系，形成一个有机整体，就是市场体系。市场交易涉及成千上万种商品和服务，几乎人人都参与其中，因而市场体系是一个结构高度复杂的系统。要让各类市场有效运行，形成健康有序的市场秩序，充分发挥其在价格发现、信息汇集和传输以及资源配置等方面的独特功能，就需要一整套公平合理、切实有效的市场规则。

市场规则是规范市场行为的所有制度安排，主要包括市场准入规则、市场交易规则、市场竞争规则等。不同的市场规则会形成不同的利益机制，激励各类经济主体采取不同的行为方式，并最终使一个经济体产生不同的经济后果。市场能够以最小成本确保个人利益和社会利益的高度一致，这就是亚当·斯密倡导市场这只"看不见的手"的根本原因。发挥市场作用需要一个必要前提，即公平合理的市场规则。公平合理的市场规则能够有效保护所有经济主体的各种合法权益，使经济主体自身的收益与其为社会做出的贡献相一致，从而激励经济主体通过努力，在向社会提供更多商品和服务的同时，实现自身利益最大化。当所有经济主体都这样行动时，整个经济体的产出和利益就实现了最大化。反之，如果市场规则不公平不合理，破坏了经济主体贡献与收益的一致性，就会制造出寻租空间，刺激经济主体采取"搭便车"等各类机会主义行为，导致价格机制扭曲、资源错配、总体经济绩效下降。

一套合理有效的市场规则，首先是公平的，即对所有经济主体是一视同仁的，不存在各种制度性歧视。这并不是说在任何场合下，对任何交易主体没有任何约束，而是强调这种约束都是必要的、具体的、明确的、普遍的。以市场准入规则为例，餐饮行业对经营者身体健康状况有某些特定要求，这是合理的、必要的，是为了保护消费者的健康安全，这些要求必须是明确的、具体的，如餐饮业经营者不能有乙型肝炎等传染性疾病。只要经济主体符合健康等方面的要求，就有权利从事餐饮业，监管部门就不应该限制，不管他是本地人，还是外地人；是国有企业，还是民营企业。当前，我国还存在不少不必要的市场准入、市场交易和市场竞争等方面的限制，导致地方保护、行业部门保护现象大量存在，限制了公平竞争，造成市场分割、碎片化和利益垄断，损害了社会总体利益。建立统一开放、竞争有序的市场体系，就要撤除各种不必要的市场壁垒，畅通市场准入，打击不正当竞争行为，确保市场公平竞争。2020年3月出台的《中共中央、国务院关于构建更加完善的要素市场化配置体制机制的意见》提出，深化"放管服"改革，强化竞争政策基础地位，打破行政性垄断、防止市场垄断，清理废除妨碍统一市场和公平竞争的各种规定和做法，进一步减少政府对要素的直接配置。深化国有企业和国有金融机构改革，完善法人治理结构，确保各类所有制企业平等获取要素。上述政策措施充分体现了规则的公平性。虽然这是针对我国要素市场化改革相对滞后而提出的改革措施，但它对整个市场体系建设具有同等的重要性。

其次，市场规则应该是开放透明的。市场规则是统一的、普遍有效的，是针对所有市场主体的。规则的制定和落实过程是政府部门与市场主体的一个博弈过程。政府要实现规则目标，就必须让市场主体知悉规则及其政策目标，减少信息不对称。只有做到众所周知，市场主体才能根据规则来行动。要做到众所周知，就必须确保市场规则的公开性和透明度。因此，市场规则应尽可能简单明确、易懂易行，市场主体能够比较容易把握其行动的合理边界。此外还应加大市场规则的宣传力度，让相关市场主体真正理解市场规则的用意，这样市场主体才会自觉地执行规则。不仅市场规则的内容是公开透明的，市场监管也应该是公开透明的。市场监管的公开透明，既是保障规则执行公正公平的必要条件，也是彰显政府执法决心的一个强有力的信号，这对于提高政府部门的公信力，确保市场规则的真正实施具有非常积极的意义。市场规则的开放透明还决定了它不是一成不变的，而是动态调整的。市场规则的目标是确保市场有效性，它是为市场服务的。市场是一个开放调整的动态过程，决定了市场规则也应该是动态的，是随着市场调节的变化而不断调整的。这就要求政策制定部门和市场监管部门提高立法和执法水平，创新机制，推进市场监管体系和能力现代化。

二、推动商品和要素自由流动平等交换

商品和生产要素在不同地区、不同行业、不同所有制企业之间自由流动平等交换，是市场价格机制和竞争机制发挥作用的前提。价值规律和平均利润率规律揭示了商品经济条件下商品和要素在不同企业、不同行业和不同地区之间流动，从而形成商品价值、生产价格和平均利润率的内在机制，阐明了资源配置的优化过程。当不同企业、不同行业和不同地区由于资本有机构成低于社会平均水平，或者由于技术进步或外部条件变化等原因导致生产成本下降或价格上升，产生高于行业平均利润率或整个社会平均利润率水平的超额利润，企业或行业之外的其他资本家为追逐超额利润，会把各种生产要素由利润率较低的行业转移到利润率较高的行业，导致利润率较高行业产量增加、价格下降，利润率也随之下降、利润率较低的行业则由于生产要素流出，导致产量下降，价格上涨，利润率由此上升。生产要素自由流动的结果，导致整个社会利润率趋于平均化，即等量资本（生产要素）不管投入哪个行业，都获得大体相等的利润。平均利润率规律表明，市场经济条件下，生产要素由利润率较低的企业、行业和地区向利润率较高的企业、行业和地区流动，是生产要素所有者根据市场价格信号做出的自然反应。利润率高，或者是因为市场需求大，或者是因为产品质量高，或者是因为市场竞争力强，等等。无论哪一种情况，生产要素向利润率较高企业或地区流动都是资源配置的优化过程，也是企业竞争优胜劣汰的过程，是市场机制发挥积极作用，推动生产力发展的表现。这也是我们选择市场经济这一发展模式的根本原因。

但是，市场机制发挥作用是有条件的，其中最重要的一条就是各种商品和生产要素能够自由流动。所谓商品自由流动，是指各种商品能够无障碍地进入所有市场。这当然是一种理论上的要求。在现实生活中，商品无论进入哪一个市场，其质量、功能、技术指标等都有明确的要求。有的行业或地区标准可能高一些，有的行业或地区标准可能低一些，但无论是什么样的市场，达不到要求的商品肯定无法进入。只要这些标准有充分合理的依据，且符合国家政策法律，企业就应该遵守，这无可置疑。但只要商品符合要求，不管它来自哪里，都应该可以进入。政府不能出于对自己行业或地区的特殊利益的保护，对商品设置不合理的准入条件。这不仅会损害他人的利益，而且由于市场形成不同程度的垄断，保护了落后，扭曲了价格机制，还会造成资源错配，影响社会总体发展。

改革开放40多年来，随着我国社会主义市场化经济体制的不断发展完善，商品市场体系和生产要素市场体系不断发育并日臻完善。就商品市场而言，交易规模越来越大，专业化经营的特点越来越突出，交易方式和手段日益规范化和多样化。近年来，电子商务作为一种新兴交易方式发展迅速，成为商品交易市场化一支举足轻重的力量。2008年，我国电子商务交易总额为3.14万亿元，到2018年，这一数值增长到31.63万亿元，10年间增长了10倍。其中，网络零售交易额从2008年的0.13万亿元猛增到2018年的9万亿元。中国已经连续多年成为全球第一网络零售大国。在商品交易日益活跃的同时，政府部门采取有力行动，全面清理各种地区封锁的规定，促进商品在全国范围内自由流动和充分竞争。目前，我国商品和服务价格97%以上由市场定价，总体而言，我国商品市场基本实现了自由流动和公平竞争，地方保护等市场化进入壁垒基本消除。

表5-1 我国社会消费品零售总额及名义增长率（2013—2019年）

时间（年）	社会消费品零售总额（亿元）	比上年增长(%)
2013	242842.8	13.2
2014	271896.1	12.0
2015	300930.8	10.7
2016	332316.3	10.4
2017	366261.6	10.2
2018	380986.9	9.0
2019	411649.0	8.0

数据来源：国家统计局网站

与商品市场化相比，我国生产要素在自由流动和公平竞争方面还存在不少障碍，特别是跨区域、跨所有制的流动还受到体制机制上的限制。生产要素是商品和服务生产的基本要素，它的价格是商品和服务价格形成的基础。如果生产要素价格扭曲，商品和服务的价格就不可能不扭曲，资源错配的状况就必然会发生。解决要素价格扭曲问题的基本条件，就是推动要素自由流动和公平竞争，形成主要由市场决定要素价格的机制。

生产要素自由流动和公平竞争受限，也与生产要素自身的特性有一定关系。在现代经济活动中，最主要的生产要素包括土地、资本、劳动力、技术等。土地本身具有不可移动性，这就限制了它自由流通，进而限制了它的自由竞争，由此产生了级差地租。与土地相反，资本具有高度流动性和投机性，如果不加任何限制，它的大进大出有可能产生金融风险，危害经济发展。劳动力的载体是人，劳动力的流动不仅仅是一个经济问题，还牵涉到一系列社会问题，如子女入学、养老、医疗等社会保障问题。技术作为一种无形产品，具有很强的可复制性，如果其知识产权得不到保护，技术的流动和转移有可能侵害技术所有者的合法权益。鉴于上述情况，生产要素自由流动和公平竞争必须要有完善的体制机制保障。近年来，随着新一代信息技术、互联网和大数据产业的迅猛发展，数据作为一种新兴生产要素在经济活动中发挥着越来越重要的作用。数据是以数字形式表达的各种信息，它对于提高生产的精准度，发展个性化定制具有重要作用。但数据本身涉及很多个人隐私，如果不加限制地任其自由传播和流动，可能给当事人造成伤害。此外，数据具有高流动性和可复制性等特点，如果数据所有者的权益没有政策法律保护，可能发生数据被盗卖等各种侵害所有者权益的现象。

为了规范生产要素交易秩序，推动生产要素合理有序流动，提高资源配置效率，2020年3月出台的《中共中央、国务院关于构建更加完善的要素市场化配置体制机制的意见》（以下简称《意见》）提出，坚持深化市场化改革、扩大高水平开放，破除阻碍要素自由流动的体制机制障碍，扩大要素市场化配置范围，健全要素市场体系，推进要素市场制度建设，实现要素价格市场决定、流动自主有序、配置高效公平，为建设高标准市场体系、推动高质量发展、建设现代化经济体系打下坚实制度基础。《意见》对推动土地、劳动力、资本、技术、数据五种主要生产要素的市场化配置提出了一系列具体政策措施。对于土地要素，《意见》提出建立健全城乡统一的建设用地市场；深化产业用地市场化配置改革；鼓励盘活存量建设用地；完善土地管理体制，探索建立全国性的建设用地、补充耕地指标跨区域交易机制，等等。对于劳动力要素，《意见》提出深化户籍制度改革，放开放宽除个别超大城市外的城市落户限制；畅通劳动力和人才社会性流动渠道；完善技术技能评价制度；加大人才引进力度，等等。对于资本要素，《意见》提出完善股票市场基础制度，坚持市场化、法治化改革方向，改革完善股票市场发行、交易、退市等制度；加快发展债券市场，推进债券市场互联互通；增加有效金融服务供给，健全多层次资本市场体系，构建多层次、广覆盖、有差异、大中小合理分工的银行机构体系，优化金融资源配置，放宽金融服务业市场准入；主动有序扩大金融业对外开放，逐步放宽外资金融机构准入条件，推进境内金融机构参与国际金融市场交易，等等。对于技术要素，《意见》提出健全职务科技成果产权制度，开展赋予科研人员职务科技成果所有权或长期使用权试点；完善科技创新资源配置方式，加强科技成果转化中试基地建设；培育发展技术转移机构和技术经理人，支持科技企业与高校、科研机构合作建立技术研发中心、产业研究院、中试基地等新型研发机构；促进技术要素与资本要素融合发展，积极探索通过天使投资、创业投资、知识产权证券化、科技保险等方式推动科技成果资本化；支持国际科技创新合作，发展技术贸易，促进技术进口来源多元化，扩大技术出口，等等。关于数据要素，《意见》提出推进政府数据开放共享，制定出台新一批数据共享责任清单；提升社会数据资源价值，研究根据数据性质完善产权性质，制定数据隐私保护制度和安全审查制度；加强数据资源整合和安全保护，等等。《意见》的出台，为我国生产要素自由流动和公平竞争提供了重要的政策支持，对今后统一开放要素市场的发展完善具有重大的促进作用。

三、构建企业自主经营公平竞争、消费者自由选择自主消费的市场秩序

在市场经济中，企业是最重要的市场主体。使企业成为自主经营、自负盈亏、自我发展、自我约束的法人实体和市场经营主体，是我国建立和完善社会主义市场经济的重要内容。企业作为市场主体，其成长发展不仅取决于自身实力和努力，还受市场环境的影响和制约。一个能够确保企业自主经营公平竞争的市场环境对于促进企业良性发展健康成长，推动资源合理流动优化配置具有重要意义。

所谓自主经营公平竞争的市场环境，是指政府相关部门作为市场秩序的维护者，不直接干预企业的合法经营行为，只是制定市场规则，并通过市场监管执行市场规则，维护市场秩序。企业只要按规则从事经营活动，政府部门就无权介入和干预。这样才能确保企业根据市场供求关系和价格信号来配置资源，做出自己的经营决策。当所有企业都遵守市场规则，市场秩序就是公平有序的，资源配置才可能是合理高效的。

对政府部门而言，维护自主经营公平竞争的市场环境需要从宏观和微观两个层面制定相关法律和政策并确保其落实。在宏观层面上，政府应对所有企业一视同仁，平等相待，要依法在同等程度上保护所有企业的权益。2016年6月出台的《国务院关于在市场体系建设中建立公平竞争审查制度的意见》提出，建立公平竞争审查制度，要按照加快建设统一开放、竞争有序市场体系的要求，确保政府相关行为符

合公平竞争要求和相关法律法规，维护公平竞争秩序，保障各类市场主体平等使用生产要素、公平参与市场竞争、同等受到法律保护，激发市场活力，提高资源配置效率，推动大众创业、万众创新，促进实现创新驱动发展和经济持续健康发展。2017年9月出台的《中共中央、国务院关于营造企业家健康成长环境弘扬优秀企业家精神更好发挥企业家作用的意见》提出，依法保护企业家财产权，在立法、执法、司法、守法等各方面各环节，加快建立依法平等保护各种所有制经济产权的长效机制。依法保护企业家自主经营权。企业家依法进行自主经营活动，各级政府、部门及其工作人员不得干预。建立完善涉企收费、监督检查等清单制度，清理涉企收费、摊派事项和各类达标评比活动，细化、规范行政执法条件，最大程度减轻企业负担、减少自由裁量权。依法保障企业自主加入和退出行业协会商会的权利。研究设立全国统一的企业维权服务平台。这两个文件对于保护企业自主经营权、建立公平竞争市场秩序、推进现代化经济体系的建立具有重要的促进作用。

在微观层面上，政府应根据《反垄断法》和《反不正当竞争法》，监督和制止企业的不正当竞争行为，维护公平公正的市场竞争秩序。垄断是指一家企业或少数几家企业联合起来，利用自身的市场支配地位，排挤其他竞争者，独占市场，并制定高于竞争价格的垄断价格，由此获得高额垄断利润的行为。《中华人民共和国反垄断法》规定的垄断行为包括以下三种：（一）经营者达成垄断协议；（二）经营者滥用市场支配地位；（三）具有或者可能具有排除、限制竞争效果的经营者集中。垄断不仅由于恶意排挤竞争对手，违反了公平竞争原则，阻碍了竞争和技术进步，而且由于制定高于市场竞争价格（生产价格）的垄断价格，损害了购买者的利益，降低了资源配置效率。消除垄断行为，促进公平自由竞争，保障企业平等的竞争权利，是建立统一开放、竞争有序市场体系的必要举措。维护公平的市场竞争，还需要清除和打击各种不正当竞争行为。不正当竞争行为是指经营者在市场竞争中为牟取自身利益，采取损人利己、违背诚实信用等商业原则的竞争手段来争夺市场的行为。根据《中华人民共和国反不正当竞争法》（2019修正）规定，不正当竞争行为包括商业混淆行为、商业贿赂行为、虚假宣传行为、侵犯商业秘密的行为、不正当有奖销售行为、诋毁商誉行为、互联网领域不正当竞争行为7个方面。这些行为的共同特点是破坏了正常市场竞争秩序，侵犯了其他经营者或第三方的合法权益，给合法经营者造成了物质上或精神上的损害。从社会后果看，不正当竞争行为违反了公平竞争原则，破坏了正常市场秩序，传递了错误市场信号，扭曲了价格机制，造成资源错配，降低了社会总体福利。所以，依法清理和打击各种不正当竞争行为，是维护公平、自由竞争的市场秩序，保护合法经营者的权益，提升资源配置效率的必要举措。

生产的最终目的是消费。保护企业自主经营公平竞争，从根本上是为了保护消费者的合法权益。无论是垄断，还是不正当竞争，其最终结果都是损害了消费者的权益。垄断限制了消费者自由选择的权利，使消费者付出不合理的高价，侵害了消费者的利益。不正当竞争或者是通过制造和传递虚假信息或错误信号误导消费者，诱使消费者进行了错误的购买；或者是通过商业贿赂、侵犯商业秘密来牟取不正当利益，最终都是消费者为其买单。所以，维护企业自主经营、公平竞争的市场秩序，也就是维护消费者自由选择、自主消费的权利。

第三节　体现效率、促进公平的收入分配体系

习近平总书记指出："要建设体现效率、促进公平的收入分配体系，

实现收入分配合理、社会公平正义、全体人民共同富裕，推进基本公共服务均等化，逐步缩小收入分配差距。"① 这一重要论述为我国收入分配制度改革指明了方向。收入分配体系是现代化经济体系的重要组成部分。进一步改革完善收入分配制度，建立与我国经济发展水平和发展要求相适应、与社会主义本质要求相符合的收入分配体系，是建设现代化经济体系的重要任务之一。

一、坚持按劳分配和按生产要素分配相结合，建设体现效率、促进公平的收入分配体系

在市场经济体系中，生产和分配是相互影响、相互制约的关系，是"做蛋糕"与"分蛋糕"的关系。一方面，生产决定着分配。一般而言，一个社会在一定时期内生产出来的物质产品和服务的总量是全体社会成员能够分配的最大量。这也是我们用人均 GDP 来衡量一个国家富裕程度的主要原因。只有生产发展了，社会财富增加了，人民生活才能富裕。改革开放以来，我国始终把解放和发展生产力作为中心任务，根本目的就是让人民生活从温饱走向小康，从小康走向富裕，增强人民群众的获得感、幸福感。没有生产力的充分发展，这一目标是不可能实现的。另一方面，分配反作用于生产。分配制度公平合理与否，会影响社会成员的生产积极性，进而影响到生产效率和生产能力。这一点在两种相反的情形中得到鲜明的体现：第一，收入分配中的绝对平均主义会挫伤劳动者的积极性。如果一个群体收入分配不考虑不同成员个人付出和贡献，而是简单地按人头平均分配，每个人都得到相同的收入，似乎实现了收入分配的绝对平等。但这样的分配方式并

---

① 《习近平在中共中央政治局第三次集体学习时强调 深刻认识建设现代化经济体系重要性 推动我国经济发展焕发新活力迈上新台阶》，《人民日报》2018 年 2 月 1 日。

不公平，因为它的分配标准与实际贡献完全脱钩，造成干不干一个样，多干少干一个样。那些多付出、贡献较大的人并没有得到与他们贡献相匹配的收入，长此以往会严重挫伤他们的工作积极性，越来越多的人选择"搭便车"，造成群体生产效率下降，甚至解体。第二，如果一个社会的收入分配任由市场决定，政府不进行任何干预和调节，则会走向另一个极端，即收入分配越来越不平等，造成社会贫富两极分化。因为市场竞争经常出现赢者通吃的现象，社会财富越来越向少数人集中。当一个社会出现贫富严重分化、阶层之间严重对立的现象时，各种社会矛盾越来越尖锐，社会越来越不稳定，正常的生产秩序和生活秩序受到破坏，经济发展进程被中断。拉丁美洲的很多国家在20世纪六七十年代就步入中等收入国家行列，但发展过程中严重的收入分化导致政治动荡，陷入"中等收入陷阱"不能自拔。由此可见，一种公平合理的分配制度对促进生产发展具有重大意义。

当前我国社会主要矛盾已经转化为人民日益增长的美好生活需要和不平衡不充分的发展之间的矛盾。解决这一矛盾，一方面要继续加快经济发展，重点是实现平衡发展、充分发展；另一方面要逐步缩小收入差距，让广大人民分享更多的发展成果。这就要求我们兼顾效率与公平，建设体现效率、促进公平的收入分配体系，坚持按劳分配和按生产要素分配相结合的基本原则。

第一，提高劳动收入在国民收入中的占比。马克思主义认为，劳动是构成商品价值的实体，是社会财富的主要来源。个人消费品在社会成员中的分配遵循按劳分配原则，是一种相对公平的分配制度，体现了社会主义制度的优越性。在社会主义市场经济条件下，劳动报酬是按劳分配的实现形式，也是绝大多数人收入的主要来源。因此，提高劳动收入在国民收入分配中的比重，既可以体现按劳分配为主体的社会主义分配原则，又能够有效地缩小收入分配差距。目前我国的劳动收入在国民收入中的占比仅为40%左右，处于较低水平。要采取切实措施努力提高工资收入在国民收入中的比重，特别是要提高一线劳动者的收入水平，提高劳动报酬在初次分配中的比重。深入推进工资集体协商制度，建立职工工资正常增长机制。要依法严格执行最低工资保障制度，保护低收入者的利益。此外，我国工资收入结构也不尽合理，一些垄断行业和部门收入水平远远高于当地工资平均水平。当前我国还没有形成统一开放、有序竞争的劳动力市场，劳动用工存在一定的地区分割、部门分割和所有制分割，阻碍了劳动力的合理流动和劳动工资的合理形成，这也在一定程度上扭曲了收入分配机制，拉大了收入差距。我国应打破行业和地区的行政封锁，促进劳动力流动和合理竞争，缩小工资收入差距。

第二，推进生产要素市场化配置，建立要素收入市场化形成机制。市场机制具有高效配置资源的能力，建设社会主义市场经济，就是要充分利用市场机制提高资源配置效率，提升发展质量。不仅商品和服务等产品要通过市场进行配置，劳动力、土地、资本、知识、技术、数据等生产要素也要实现市场化配置，这样才能充分发挥市场经济的优势。通过市场机制配置生产要素，就必然要形成各种生产要素的市场价格，生产要素所有者由此取得收入，这是市场经济的必然要求，也是生产要素实现优化配置的关键。当前我国生产要素市场化配置的程度还不高，在很大程度上降低了资源配置效率和使用效率。《中共中央、国务院关于构建更加完善的要素市场化配置体制机制的意见》提出，完善主要由市场决定要素价格机制，健全生产要素由市场评价贡献、按贡献决定报酬的机制。《中共中央、国务院关于新时代加快完善社会主义市场经济体制的意见》强调，建立健全统一开放的要素市场，推进要素价格市场化改革，创新要素市场化配置方式，所有这一切都是强调发挥市场化价格机制的作用，提高要素资源的配置效率。这是建设现代化经济体系，实现经济高质量发展的奠基性工作。

二、推进基本公共服务均等化

2012年7月，国务院印发《国家基本公共服务体系"十二五"规划》（以下简称《规划》），首次对基本公共服务的含义、范围等一些基本概念作出明确界定。《规划》指出：

基本公共服务，指建立在一定社会共识基础上，由政府主导提供的，与经济社会发展水平和阶段相适应，旨在保障全体公民生存和发展基本需求的公共服务。享有基本公共服务属于公民的权利，提供基本公共服务是政府的职责。

基本公共服务范围，一般包括保障基本民生需求的教育、就业、社会保障、医疗卫生、计划生育、住房保障、文化体育等领域的公共服务，广义上还包括与人民生活环境紧密关联的交通、通信、公用设施、环境保护等领域的公共服务，以及保障安全需要的公共安全、消费安全和国防安全等领域的公共服务。

基本公共服务均等化，指全体公民都能公平可及地获得大致均等的基本公共服务，其核心是机会均等，而不是简单的平均化和无差异化。[①] 推进基本公共服务均等化，既是解决发展不平衡不充分问题，推动我国经济高质量发展的重要举措，也是中国特色社会主义发展的必然要求。

改革开放40多年来，我国经济得到长足发展，社会物质财富实

---

① 《国务院关于印发国家基本公共服务体系"十二五"规划的通知》，中国政府网，http://www.gov.cn/zwgk/2012-07/20/content_2187242.htm。

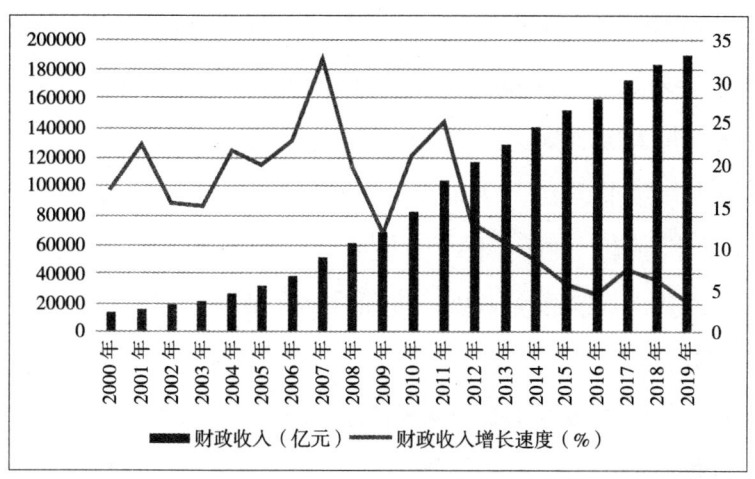

图 5-1 全国财政收入及增长速度（2000—2019 年）

数据来源：国家统计局网站

现了爆发式增长，财政收入也随之快速增长。公共财政实力的不断增强，为公共服务范围的扩大、服务水平的提升奠定了坚实的物质基础。2019 年，我国全国财政收入突破 19 万亿元，比 2000 年增长了 13 倍多。

在有较为充裕的公共财力做保障的前提下，扩大基本公共服务保障的覆盖面，提升保障水平，特别是低收入阶层的保障水平，对于提升广大人民的身体素质和教育文化水平，为经济实现高质量发展提供高素质的劳动者，具有十分重要的意义。2006 年，陕西省吴起县率先把义务教育阶段由 9 年延长到 12 年，从幼儿园到高中的教育全部免费。此后，一些地方政府陆续推行 12 年义务教育。2013 年，内蒙古自治区宣布在全区推行 12 年义务教育制。2009 年，陕西省神木县出台《神木县全民免费医疗实施办法（试行）》，办法决定从该年 3 月 1 日起，神木县干部职工和城乡居民，只要拥有神木户口并且参加了城乡居民合作医疗和职工基本医疗保险，都可以享受这项改革政策：门诊治疗实行医疗卡制度,每人每年给予100元门诊补贴;住院治疗执行起付线报销制度,乡镇医院报销起付线为每人次200元,县级医院为400元,县境外医院每人次3000元。起付线以下费用患者自付,以上费用全额报销。每人每年报销上限为30万元。这些改革措施都是基本公共服务均等化的积极探索,对于解除老百姓的后顾之忧、改善广大人民生活、推动国内消费市场扩张和升级,进而推动产业升级和经济高质量发展具有重大作用。

基本公共服务均等化是我国社会主义制度的必然要求。社会主义的本质是解放生产力,发展生产力,消灭剥削,消除两极分化,最终实现共同富裕。其中,解放和发展生产力,消灭剥削,消除两极分化都是手段,其最终目标是实现共同富裕。从价值取向看,社会主义把平等置于优先地位,把广大人民的根本利益置于发展的优先地位。基本公共服务均等化体现了中国特色社会主义条件下国家保障广大人民在基本福利方面的平等权利。2017年3月,国务院发布的《"十三五"推进基本公共服务均等化规划》指出:"享有基本公共服务是公民的基本权利,保障人人享有基本公共服务是政府的重要职责。推进基本公共服务均等化,是全面建成小康社会的应有之义,对于促进社会公平正义、增进人民福祉、增强全体人民在共建共享发展中的获得感、实现中华民族伟大复兴的中国梦,都具有十分重要的意义。"[①] 基本公共服务均等化也是坚持以人民为中心这一价值取向的具体表现。党的十九大报告进一步指出:"全党必须牢记,为什么人的问题,是检验一个政党、一个政权性质的试金石。带领人民创造美好生活,是我们党始终不渝的奋斗目标。必须始终把人民利益摆在至高无上的地位,

---

① 《国务院关于印发"十三五"推进基本公共服务均等化规划的通知》,中国政府网,http://www.gov.cn/zhengce/content/2017-03/01/content_5172013.htm。

让改革发展成果更多更公平惠及全体人民，朝着实现全体人民共同富裕不断迈进。"①党的十九大报告提出的"两个一百年"奋斗目标中，明确提出到2035年，基本公共服务均等化基本实现，全体人民共同富裕将迈出坚实步伐。2018年7月，中央全面深化改革委员会审议通过的《关于建立健全基本公共服务标准体系的指导意见》重申了这一目标：力争到2035年，基本公共服务均等化基本实现，现代化水平不断提升。

党的十八大以来，我国在推进基本公共服务均等化方面推出了一系列重大举措。《"十三五"推进基本公共服务均等化规划》提出，国家建立基本公共服务清单制，依据现行法律法规和相关政策确定基本公共服务主要领域，以及各领域具体服务项目等，并结合经济社会发展状况，按程序进行动态调整，以此作为政府履行职责和公民享有相应权利的依据。《"十三五"国家基本公共服务清单》包括公共教育、劳动就业创业、社会保险、医疗卫生、社会服务、住房保障、公共文化体育、残疾人服务等八个领域的81个项目。每个项目均明确服务对象、服务指导标准、支出责任、牵头负责单位等。②近年来，随着脱贫攻坚的不断深入，基本公共服务建设成为脱贫工作的一项重大任务。通过对贫困人口实行基本公共服务全面覆盖，稳定实现扶贫对象"两不愁三保障"，即不愁吃、不愁穿，义务教育、基本医疗和住房安全保障，努力使深度贫困地区基本公共服务主要领域指标接近全国平均水平。

三、以共同富裕为奋斗目标，逐步缩小收入分配差距

改革开放40多年来，随着我国市场化改革的深入推进，居民收入

---

① 习近平：《决胜全面建成小康社会 夺取新时代中国特色社会主义伟大胜利》，《中国共产党第十九次全国代表大会文件汇编》，人民出版社2017年版，第36页。
② 《国务院关于印发"十三五"推进基本公共服务均等化规划的通知》，中国政府网，http://www.gov.cn/zhengce/content/2017-03/01/content_5172013.htm。

差距总体呈现出先持续扩大后逐步缩小的趋势。据学者研究，20世纪80年代早期，我国居民收入差距很小，基尼系数为0.300左右。从20世纪80年代中后期开始，居民收入差距急剧拉大，2008年达到最高水平，基尼系数达到0.491。不仅居民总体收入差距持续扩大，而且城市内部收入差距、农村内部收入差距以及城乡之间收入差距和地区之间收入差距都在扩大。2008年以后，全国收入差距的基尼系数总体出现了下降的势头，2017年全国收入差距的基尼系数为0.467，虽然仍然处于高位，但比2008年有所下降。不仅居民总体收入差距在缩小，城乡收入差距也在缩小。① 我国收入差距的这一演变趋势与库兹涅茨曲线（倒U曲线）所反映的现象是基本一致的，说明我国经济在由传统农业社会向现代工业社会转变，收入差距扩大具有一定的客观必然性。当我国完成向现代工业社会的转变后，收入差距会逐步缩小。

当前我国居民收入差距仍然偏大。按照国际公认标准，基尼系数介于0.3和0.4之间，表明收入分配相对合理；基尼系数介于0.4和0.5之间，表明收入差距偏大；基尼系数超过0.5则表明收入出现两极分化。2018年，我国基尼系数为0.474，并且从2015年起，基尼系数又呈现出上升势头。2015—2017年，我国收入差距的基尼系数分别为0.462、0.465、0.467，这表明我国收入差距有重新扩大的现象。收入差距过大，不仅影响社会稳定，而且会限制国内消费市场的扩大，延缓产业升级的步伐。因此，采取切实措施，遏制收入差距扩大的态势，逐步缩小收入差距，是建设现代化经济体系的一项重大任务。

首先，要强化政府调节收入分配差距的力度。充分发挥税收和转移支付的收入调节功能，从"收"和"补"两个方向同时发力。利用个人所得税的累进功能，完善高收入阶层的个人所得税征管，合理降

---

① 李实、朱梦冰：《中国经济转型40年中居民收入差距的变动》，《管理世界》2018年第12期。

低中等收入群体的税收负担；利用财政转移支付，提高低收入人群的可支配收入水平；发挥社会保障制度的政策托底功能，加大弱势群体的民生保障力度。

其次，应下大力气规范收入分配秩序，推进收入分配法制化建设。当前我国收入分配秩序还不够规范，各种隐性收入、灰色收入，乃至非法收入大量存在，不仅拉大了收入差距，而且会滋生各种腐败现象。应尽快建立健全规范收入分配的法律法规体系，建立公平公正公开的收入分配秩序，保护合法收入，清理规范隐性收入，取缔非法收入。

最后，重视发挥第三次分配作用，发展慈善等社会公益事业。第三次分配是指由慈善组织等机构以募集、自愿捐赠和资助等慈善公益方式对社会资源和社会财富进行的再分配。慈善公益事业作为自愿性的捐助活动，是收入初次分配和再分配的有益补充，对解决贫困问题、缩小收入差距、促进共同富裕发挥着越来越重要的作用。政府应制定相关政策，鼓励各种形式的慈善事业和公益活动，如通过提高企业和个人慈善捐助税前免税水平，鼓励更多的企业和个人参与慈善事业。

第四节　彰显优势、协调联动的城乡区域发展体系

习近平总书记指出："要建设彰显优势、协调联动的城乡区域发展体系，实现区域良性互动、城乡融合发展、陆海统筹整体优化，培育和发挥区域比较优势，加强区域优势互补，塑造区域协调发展新格局。"[1] 在中国特色社会主义进入新时代的大背景下，大力推动城乡、区域协调发展，构建空间布局合理、分工协作深入、产业关联紧密的

---

[1]《习近平在中共中央政治局第三次集体学习时强调　深刻认识建设现代化经济体系重要性　推动我国经济发展焕发新活力迈上新台阶》，《人民日报》2018年2月1日。

新发展格局,是我国经济顺利实现结构调整、产业转型升级的关键举措,是建设现代化经济体系的一项重要任务。

一、推进区域良性互动发展

党的十九大报告指出,当前我国社会主要矛盾已经转变为人民日益增长的美好生活需要与不平衡不充分的发展之间的矛盾。发展不平衡主要表现为区域之间和城乡之间的发展水平不平衡。就区域发展状况而言,改革开放以来,我国东部地区发展较快,中西部地区和东北地区发展总体较慢,由此形成发展差距较为显著的"四大板块"。东部地区经济发达,资本、技术、人才富集,基础设施先进,产业以技术密集型和知识密集型产业为主,第三产业占比较高,人均GDP和劳动生产率明显高于其余三个地区。中部地区经济明显落后于东部地区,但总体上强于西部地区。中部地区的优势产业以劳动密集型和资源密集型产业为主,传统加工制造业占比较高,第三产业占比明显低于东部地区,人均GDP和劳动生产率低于东部地区,但高于西部地区。西部地区经济落后于东部地区和中部地区,优势产业以采掘业为主,加工制造业和服务业均落后于东部地区和中部地区,第三产业较不发达,人均GDP和劳动生产率总体上低于东部地区和中部地区。东北地区作为我国传统工业基地,有着良好的基础和发展条件,但改革开放以来,体制转轨和经济转型较慢,导致人口和资源大量流失,老龄化问题严重,经济活力不足,经济增长缓慢,呈现出逐步衰落的趋势。

我国区域经济发展不平衡,既有自然条件和社会历史条件方面的原因,也是改革开放以来沿海地区率先对外开放,特别是市场经济条件下资源由中西部向东部自由流动的必然结果。区域经济发展不平衡,给我国国土安全、社会稳定和经济可持续发展带来一系列隐忧。因此,从"八五"计划（1991—1995年）起，我国政府就开始重视区域协调发展问题。在国家预算投资中，开始有意识地向中西部地区倾斜。21世纪初，我国初步形成各有侧重的区域发展战略，即实施西部大开发、振兴东北地区等老工业基地、促进中部地区崛起、鼓励东部地区发展，实现相互促进、共同发展。经过多年的努力，东中西部经济差距越来越大的势头初步得到遏制，但区域发展不平衡的状况没有根本改变。

区域经济协调平衡发展，并不意味着区域经济结构和产业特征趋同，而是强调要努力缩小区域发展差距。不同地区应根据自己的资源禀赋、区位条件和发展目标，在与其他地区合理分工协作、强化产业关联的基础上，充分发挥自己的比较优势，形成有自己特色的区域发展战略。2018年11月出台的《中共中央、国务院关于建立更加有效的区域协调发展新机制的意见》提出，"立足发挥各地区比较优势和缩小区域发展差距，围绕努力实现基本公共服务均等化、基础设施通达程度比较均衡、人民基本生活保障水平大体相当的目标，深化改革开放，坚决破除地区之间利益藩篱和政策壁垒，加快形成统筹有力、竞争有序、绿色协调、共享共赢的区域协调发展新机制，促进区域协调发展。"[①]

近年来，我国政府深入实施了一系列区域发展重大战略，有力地促进了区域经济协调发展。

第一，京津冀协同发展。2015年4月，中共中央政治局会议审议通过《京津冀协同发展规划纲要》，明确了京津冀的功能定位、协同发展目标、空间布局、重点领域和重大措施。京津冀协调发展战略以有序疏解北京非首都功能为出发点，立足各自比较优势，立足现代产业分工要求，调整区域经济结构和空间结构，推动河北雄安新区和北

---

①《中共中央、国务院关于建立更加有效的区域协调发展新机制的意见》，中国政府网，http://www.gov.cn/zhengce/2018-11/29/content_5344537.htm。

京城市副中心建设，加快打造现代化新型首都圈，实现京津冀一体化发展，打造中国经济发展新的支撑带。

第二，长江经济带发展。长江经济带涵盖了上海、江苏、浙江、安徽、江西、湖北、湖南、重庆、四川、云南、贵州11个省市，横跨中东西部，面积占全国五分之一，人口和生产总值均超过全国的40%。根据2016年9月印发的《长江经济带发展规划纲要》，长江经济带将确立"一轴、两翼、三极、多点"的发展新格局："一轴"是以长江黄金水道为依托，发挥上海、武汉、重庆的核心作用，构建沿江绿色发展轴，推动经济由沿海溯江而上梯度发展；"两翼"分别指沪瑞和沪蓉南北两大运输通道，这是长江经济带的发展基础，通过促进交通的互联互通，增强南北两侧腹地重要节点城市人口和产业集聚能力；"三极"指的是长江三角洲城市群、长江中游城市群和成渝城市群，充分发挥中心城市的辐射带动作用，打造长江经济带的三大增长极；"多点"是指发挥三大城市群以外地级城市的支撑作用，加强与中心城市的经济联系与互动，带动地区经济发展。2018年4月26日，习近平总书记在深入推动长江经济带发展座谈会上的讲话中指出，推动长江经济带发展需要正确把握几个关系。第一，正确把握整体推进和重点突破的关系，全面做好长江生态环境保护修复工作。第二，正确把握生态环境保护和经济发展的关系，探索协同推进生态优先和绿色发展新路子。第三，正确把握总体谋划和久久为功的关系，坚定不移将一张蓝图干到底。第四，正确把握破除旧动能和培育新动能的关系，推动长江经济带建设现代化经济体系。第五，正确把握自身发展和协同发展的关系，努力将长江经济带打造成为有机融合的高效经济体。[①]《中共中央、国务院关于建立更加有效的区域协调发展新机制的意见》提出，充分发挥

---

① 习近平：《在深入推动长江经济带发展座谈会上的讲话》，《求是》2019年第17期。

长江经济带横跨东中西三大板块的区位优势，以共抓大保护、不搞大开发为导向，以生态优先、绿色发展为引领，依托长江黄金水道，推动长江上中下游地区协调发展和沿江地区高质量发展。建立以中心城市引领城市群发展、城市群带动区域发展新模式，推动区域板块之间融合互动发展。

第三，粤港澳大湾区建设。粤港澳大湾区包括香港特别行政区、澳门特别行政区和广东省广州市、深圳市、珠海市、佛山市、惠州市、东莞市、中山市、江门市、肇庆市，总面积5.6万平方公里，2017年年年末总人口约7000万人，GDP总量超过10万亿元人民币，是我国开放程度最高、经济活力最强的区域之一，在国家发展大局中具有重要战略地位。推进粤港澳大湾区建设，是以习近平同志为核心的党中央作出的重大决策，是习近平总书记亲自谋划、亲自部署、亲自推动的国家战略。2017年7月1日，习近平主席出席了《深化粤港澳合作推进大湾区建设框架协议》签署仪式。2018年11月，《中共中央、国务院关于建立更加有效的区域协调发展新机制的意见》提出，以香港、澳门、广州、深圳为中心引领粤港澳大湾区建设，带动珠江—西江经济带创新绿色发展。2019年2月，中共中央、国务院印发《粤港澳大湾区发展规划纲要》，提出粤港澳大湾区的战略定位为：充满活力的世界级城市群、具有全球影响力的国际科技创新中心、"一带一路"建设的重要支撑、内地与港澳深度合作示范区、宜居宜业宜游的优质生活圈。

第四，海南自由贸易试验区。2018年4月，中共中央、国务院发布《关于支持海南全面深化改革开放的指导意见》，明确以现有自由贸易试验区试点内容为主体，结合海南特点，建设中国（海南）自由贸易试验区，探索建设中国特色自由贸易港。2018年10月，国务院批复同意设立中国（海南）自由贸易试验区并印发《中国（海南）自由贸易试验区总体方案》，提出发挥海南岛全岛试点的整体优势，紧紧围绕建设全面深化改革开放试验区、国家生态文明试验区、国际旅游消费中心和国家重大战略服务保障区，实行更加积极主动的开放战略，加快构建开放型经济新体制，推动形成全面开放新格局，把海南打造成为我国面向太平洋和印度洋的重要对外开放门户。2020年6月，中共中央、国务院印发了《海南自由贸易港建设总体方案》，提出对标国际高水平经贸规则，解放思想、大胆创新，聚焦贸易投资自由化便利化，建立与高水平自由贸易港相适应的政策制度体系，建设具有国际竞争力和影响力的海关监管特殊区域，将海南自由贸易港打造成为引领我国新时代对外开放的鲜明旗帜和重要开放门户。

除了以上四个区域发展重大战略，近年来我国还出台一系列重大举措，推动东中西部和东北地区"四大板块"协同发展。2020年5月出台的《中共中央国务院关于新时代推进西部大开发形成新格局的指导意见》提出，以共建"一带一路"为引领，加大西部开放力度；以创新能力建设为核心，进一步深化东西部科技创新合作，打造协同创新共同体；拓展区际互动合作，支持跨区域共建产业园区，鼓励探索"飞地经济"等模式，等等。通过完善中部地区交通枢纽网络和物流体系、推动资源型地区转型发展，实现中部崛起。以优化营商环境为基础全面深化改革，加快东北等老工业基地发展，通过与国家重大战略对接，构建南北互动、协调发展新格局。《中共中央、国务院关于建立更加有效的区域协调发展新机制的意见》进一步提出，以承接产业转移示范区、跨省合作园区等为平台，支持发达地区与欠发达地区共建产业合作基地和资源深加工基地。建立发达地区与欠发达地区区域联动机制，先富带后富，促进发达地区和欠发达地区共同发展。

二、促进城乡融合发展

城乡发展不平衡是我国发展不平衡的一个重要表现,也是我国全面实现现代化需要解决的一个重大问题。党的十九大报告指出:"农业农村农民问题是关系国计民生的根本性问题,必须始终把解决好'三农'问题作为全党工作重中之重。要坚持农业农村优先发展,按照产业兴旺、生态宜居、乡风文明、治理有效、生活富裕的总要求,建立健全城乡融合发展体制机制和政策体系,加快推进农业农村现代化。"[①]从中国现实情况看,农业农村现代化的根本出路是破除导致城乡分割的各种障碍,实现城乡互联互通,双向流动,促进城乡要素、产业、居民、社会和生态全面融合,互促共荣。当前,推动城乡融合发展应重点从两个方面着手:一是推进新型城镇化建设;二是大力实施乡村振兴战略。

(一)推进新型城镇化建设

新型城镇化是指以人的城镇化为核心,有序推进农业转移人口市民化的过程。2014年3月出台的《国家新型城镇化规划(2014—2020年)》指出,"我国城镇化是在人口多、资源相对短缺、生态环境比较脆弱、城乡区域发展不平衡的背景下推进的,这决定了我国必须从社会主义初级阶段这个最大实际出发,遵循城镇化发展规律,走中国特色新型城镇化道路。"[②]

在一个国家现代化过程中,工业化和城镇化是相伴而行的。改革开放四十年是新中国成立以来经济发展最快的四十年,也是城市化进程最快的四十年。1978—2018年,中国城镇常住人口从1.7亿增长到8.3

[①]《决胜全面建成小康社会 夺取新时代中国特色社会主义伟大胜利》,载于《中国共产党第十九次全国代表大会文件汇编》,人民出版社2017年版,第24页。
[②]《国家新型城镇化规划(2014—2020年)》,中国政府网,http://www.gov.cn/zhengce/2014-03/16/content_2640075.htm。

亿，是人类历史上最大规模的由乡村到城镇的人口转移。但是，无序城镇化带来"城市病"等一系列问题，如人口过度集聚、交通拥堵问题严重、环境污染加剧、公共服务供给能力不足，等等。我国城镇化还存在着制度障碍，受城乡分割的户籍制度的限制，大量进城务工农民无法获得城市户籍，因而在教育、就业、医疗、养老、保障性住房等方面无法享受与城镇居民同等水平的基本公共服务，造成城镇内部的二元分割，这实质上是把城乡差距从城乡之间转移到城镇内部，但问题依然没有解决。

新型城镇化就是要在合理解决上述问题的基础上有序推进城镇化进程。第一，坚持以人为本，有序推进农业转移人口市民化。通过户籍制度改革，实行不同规模城市差别化落户政策，把长期在城镇务工经商的农民及其子女逐步转为城镇居民。目前我国已经全面取消城区常住人口 300 万以下的城市落户限制，全面放宽城区常住人口 300 万至 500 万的大城市落户条件，城区常住人口 500 万以上的超大特大城市实行积分落户政策。第二，在统筹城乡发展的基础上，推动城镇化、工业化、信息化与农业现代化同步发展，努力实现城镇扩展与产业扩张相一致，城镇人口增长与就业机会增加相匹配，城镇发展与城乡经济社会结构调整相协调。第三，综合考虑人口、环境、资源的匹配度和承载能力，优化城镇布局，推动大中小城市和小城镇协调发展。合理控制城镇规模，严格控制城镇建设用地规模，优化城镇内部空间结构，避免城镇人口无序增长和"摊大饼"式的城镇扩张模式。第四，严格保护城市生态环境，坚持绿色发展。通过环境保护和生态修复，倡导绿色低碳生活方式，提高城镇的宜居度，提升城镇化质量。第五，要提升城镇化的人文内涵，充分展示地域特色和文化特色，不能搞成千人一面的钢筋水泥"城市森林"。在旧城改造过程中要保护历史文化遗产和传统风貌；

在新城建设中要更多地融入传统文化元素，用现代技术展示地域和传统文化风貌。总之，新型城镇化不仅要稳步提升我国城镇化水平，更重要的是通过优化城镇化布局和形态，提升城市公共服务能力和产业支撑能力，降低城镇化的资源环境成本，从而提升城镇化的质量。《国家新型城镇化规划（2014—2020年）》从城镇化水平、基本公共服务、基础设施、资源环境四个方面提出了一系列量化的发展目标，清楚具体地展示了上述五个新型城镇化的基本特征。

表5-2 新型城镇化主要指标

指标	2012年	2020年
城镇化水平		
常住人口城镇化率（%）	52.6	60左右
户籍人口城镇化率（%）	35.3	45左右
基本公共服务		
农民工随迁子女接受义务教育比例（%）		≥99
城镇失业人员、农民工、新成长劳动力免费接受基本职业技能培训覆盖率（%）		≥95
城镇常住人口基本养老保险覆盖率（%）	66.9	≥90
城镇常住人口基本医疗保险覆盖率（%）	95	98
城镇常住人口保障性住房覆盖率（%）	12.5	≥23
基础设施		
百万以上人口城市公共交通占机动化出行比例（%）	45（2011年数据）	60
城镇公共供水普及率（%）	81.7	90
城市污水处理率（%）	87.3	95
城市生活垃圾无害化处理率（%）	84.8	95
城市家庭宽带接入能力（Mbps）	4	≥50
城市社区综合服务设施覆盖率（%）	72.5	100

（续表）

资源环境		
人均城市建设用地（平方米）		≤ 100
城镇可再生能源消费比重（%）	8.7	13
城镇绿色建筑占新建建筑比重（%）	2	50
城市建成区绿地率（%）	35.7	38.9
地级以上城市空气质量达到国家标准的比例（%）	40.9	60

数据来源：《国家新型城镇化规划（2014—2020年）》

（二）实施乡村振兴战略

改革开放以来，我国的工业化和城市化有了飞速的发展，但很多地方的农业和农村则走向相反一极：青壮年人口大量流失，农村资源不断向城市转移，粮食生产效益低下，大量土地抛荒，农村产业凋敝，基础设施落后，经济社会萧条，出现大量的"空心化"现象，由此导致城乡差距不断拉大。

我国有14亿人口，吃饭问题始终是头等大事。截至2019年年底，我国乡村人口仍高达55162万人，占人口总数的39.4%。没有农业农村的现代化，中国的全面现代化就不可能实现，而我国发展不平衡不充分问题在城乡差距上表现得最为突出。党的十九大报告指出："农业农村农民问题是关系国计民生的根本性问题，必须始终把解决好'三农'问题作为全党工作的重中之重。"[①] 正是从这一战略高度，党的十九大报告提出实施乡村振兴战略，按照产业兴旺、生态宜居、乡风文明、治理有效、生活富裕的总要求，建立健全城乡融合发展体制机制和政

[①]《决胜全面建成小康社会 夺取新时代中国特色社会主义伟大胜利》，载于《中国共产党第十九次全国代表大会文件汇编》，人民出版社2017年版，第25页。

第五章
系统推进现代化经济体系建设

策体系，加快推进农业农村现代化。

乡村振兴的基础，是产业振兴。没有农业产业化和现代化，乡村振兴就缺少持久的物质支撑。要开发农业多种功能，延长产业链，提升价值链，推动一二三产业融合发展，构建乡村产业体系，发展现代农业。

乡村振兴的关键，是人才振兴。发展现代农业，需要熟悉现代农业发展模式、掌握现代农业技术的中高端人才。应采取各种支持政策鼓励各类人才投身农业和农村现代化建设，下乡创业，搭建城市与乡村经济联系的桥梁。

乡村振兴的灵魂，是文化振兴。乡村是中国传统文化保留最多最全的地区，很多优秀文化在当代仍有现实意义。要以社会主义核心价值观为引领，挖掘优秀传统文化的现实价值，并以此为基础打造富有特色的新时代中国乡村文化。

乡村振兴的支撑点，是生态振兴。良好生态环境是农村的最大优势和宝贵财富。乡村振兴绝不能再走先污染后治理的老路，必须把生态环境保护放在优先地位。要切实解决农业面源污染和农村生活垃圾处理等影响农村生态环境的重点问题，推动城镇基础设施向农村延伸，优化农村人居环境。习近平总书记指出："要推动乡村生态振兴，坚持绿色发展，加强农村突出环境问题综合治理，扎实实施农村人居环境整治三年行动计划，推进农村'厕所革命'，完善农村生活设施，打造农民安居乐业的美丽家园，让良好生态成为乡村振兴支撑点。"[①]

乡村振兴的保障，是组织振兴。基层党组织是组织和带领广大农民发展农村经济，实现乡村振兴的核心力量。加强基层党组织建设，

[①]《习近平李克强王沪宁赵乐际韩正分别参加全国人大会议一些代表团审议》，《人民日报》2018年3月9日。

切实发挥其凝聚民心、引领民情的积极作用,整合乡村资源,发展农村经济,提升乡村治理水平,是实现乡村振兴十分重要的组织保障。

精准施策、有序推进,是乡村振兴战略高效实施的必要条件。中国地域广阔,乡村情况复杂多样,城乡差距的形成有着深刻的社会历史根源。因此,乡村振兴是一项复杂而艰巨的任务,不是一朝一夕之事。必须因地制宜,全面规划,稳步推进,精准施策,才能高效推进。习近平总书记指出,乡村振兴要"规划先行、精准施策、分类推进,科学把握各地差异和特点,注重地域特色,体现乡土风情,特别要保护好传统村落、民族村寨、传统建筑,不搞一刀切,不搞统一模式,不搞层层加码,杜绝'形象工程'"[①]。

新型城镇化和乡村振兴分别从不同的方向推动城乡融合发展,其目标最终都是消除城乡差距,推动城乡一体发展,解决城乡发展不平衡、农村发展不充分这一制约我国全面现代化的重大难题。农村地域广阔,自然资源丰富,发展的可塑性强。在保护和开发同步进行的前提下,推动城乡协调发展,加快农业和农村现代化步伐,将为我国建设现代化经济体系并最终全面实现现代化奠定坚实的基础。

三、加强陆海统筹整体优化

进入 21 世纪,随着科技的进步和人类对海洋探索了解的深入,世界海洋强国纷纷加快开发利用海洋资源的步伐,深海油气、海底矿产、深海生物基因和远洋渔业等海洋产业蓬勃发展,海洋经济方兴未艾。中国拥有 300 多万平方公里海洋国土,大陆海岸线长达 1.8 万多千米。加强陆海统筹,合理保护和有序开发利用海洋资源,对于维护领土主

---

① 《习近平李克强王沪宁赵乐际韩正分别参加全国人大会议一些代表团审议》,《人民日报》2018 年 3 月 9 日。

权和海洋权益,加速我国现代化建设具有重要意义。习近平总书记高瞻远瞩地指出:"21世纪,人类进入了大规模开发利用海洋的时期。海洋在国家经济发展格局和对外开放中的作用更加重要,在维护国家主权、安全、发展利益中的地位更加突出,在国家生态文明建设中的角色更加显著,在国际政治、经济、军事、科技竞争中的战略地位也明显上升。"①

近年来,我国海洋经济保持平稳增长,产业结构不断优化,新兴产业和新业态快速成长。2018年全国海洋生产总值达83415亿元,比上年增长6.7%,海洋生产总值占国内生产总值的比重为9.3%。滨海旅游业、海洋交通运输业和海洋渔业增加值占主要海洋产业增加值的比重分别为47.8%、19.4%和14.3%。海洋生物医药业、海洋电力业等新兴产业发展迅速,2018年增速分别为9.6%、12.8%。

党的十九大报告明确提出:"坚持陆海统筹,加快建设海洋强国。"②这为我们指明了海洋事业的发展方向。我们要着眼于中国特色社会主义事业发展全局,统筹国内国际两个大局,坚持陆海统筹,坚持走依海富国、以海强国、人海和谐、合作共赢的发展道路,通过和平、发展、合作、共赢方式,扎实推进海洋强国建设。

统筹陆海协同发展,要提升海洋在我国未来发展中的战略地位,充分发挥海洋的独特优势,构建陆海资源综合利用、陆海空间良性互动、陆海经济一体化发展的新格局。站在陆海一体、协同发展的高度优化陆海资源的总体配置,优化近岸海域国土空间布局,拓展海洋经济发展空间,推动海洋经济不断向深海、极地延伸拓展,实现陆海优势互补,

---

① 《习近平:要进一步关心海洋、认识海洋、经略海洋》,新华社2013年7月31日。
② 《决胜全面建成小康社会 夺取新时代中国特色社会主义伟大胜利》,载于《中国共产党第十九次全国代表大会文件汇编》,人民出版社2017年版,第27页。

相互促进。

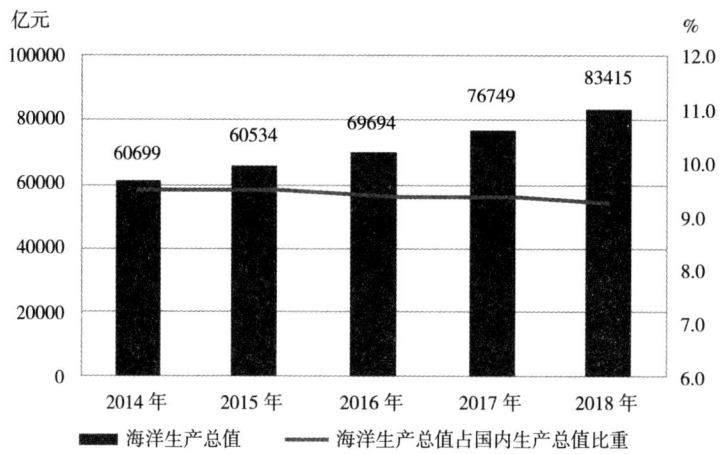

图 5-2 我国海洋生产总值及占 GDP 比重（2014—2018 年）

数据来源：《2018 年中国海洋经济统计公报》，该数据未包括香港、澳门、台湾

要加强海洋科学技术研究，努力突破制约海洋经济发展和海洋生态保护的科技瓶颈，重点在深水、绿色、安全的海洋高技术领域取得突破。依靠科技进步和创新，提高海洋资源开发能力，推动海洋经济向质量效益型转变，让海洋经济成为新的增长点。要大力发展海洋战略性新兴产业，提高海洋产业对经济增长的贡献率，努力使海洋产业成为国民经济的支柱产业。

要采取果断有力措施，遏制海洋生态环境不断恶化的趋势，保护海洋生态环境，着力推动海洋开发方式向循环利用型转变。要把海洋生态文明建设纳入海洋开发总布局之中，坚持开发和保护并重、污染防治和生态修复并举，科学合理开发利用海洋资源，维护海洋自然再生产能力。要加快建立海洋生态补偿和生态损害赔偿制度，开展海洋修复工程，推进海洋自然保护区建设。

要维护国家海洋权益，着力推动海洋维权向统筹兼顾型转变。要统筹维稳和维权两个大局，坚持维护国家主权、安全、发展利益相统一，维护海洋权益和提升综合国力相匹配。要做好应对各种复杂局面的准备，提高海洋维权能力，坚决维护我国海洋权益。要坚持"主权属我、搁置争议、共同开发"的方针，推进互利友好合作，寻求和扩大共同利益的汇合点。

四、塑造区域协调发展新格局

我国国土面积广大，陆海空间兼备，区域自然条件差异巨大，发展的不平衡性十分显著。统筹区域发展，就是要摸清底数、发掘优势，在优势互补、产业联动的基础上，形成区域间分工协作、协调发展的新格局。

进入21世纪以来，我国围绕区域协调发展出台了一系列区域发展总体战略，如西部大开发、东北振兴、中部崛起和东部率先发展战略，等等。这些发展战略针对不同区域面临的不同发展问题，从全国经济一盘棋的总体视角，提出了各自的发展定位和发展路径，对促进区域协调发展发挥了重大作用。党的十八大以来，以习近平同志为核心的党中央在继续实施区域发展总体战略的基础上，进一步完善和深化区域协调发展战略，先后提出一系列区域协调发展新战略，并形成了一套较为完整的区域协调发展战略体系，有学者将其概括为"四大板块+四大战略+两大引领区"[①]。"四大板块"即"西部开发、东北振兴、中部崛起、东部率先"总体战略；"四大战略"即"'一带一路'倡议、京津冀协同发展、长江经济带发展、黄河流域生态保护和高质量发展"战略；"两大引领区"即"粤港澳大湾区建设和长三角一体化发展"。

[①] 金凤君：《构建区域协调发展新格局》，《大众日报》2019年10月23日。

此外，党中央还针对不同区域的具体发展问题提出了一系列针对性改革发展政策，如支持资源型地区经济转型发展、加快边疆发展、加快建设海洋强国，等等。这些区域发展政策极大地推动了我国区域的协调平衡发展，缩小了区域发展差距，强化了区域间的经济社会联系，推进了区域一体化发展。

目前，我国区域发展不平衡不协调的问题仍比较突出。在建设现代化经济体系过程中，围绕区域经济协调发展这一目标，应着重做好以下几方面工作。

首先，不同区域要根据各自的比较优势找准产业定位，在产业相互衔接、市场一体化推进的基础上，构造区域分工协作体系，打造国内经济循环圈。一方面，改革开放以来，我国大力发展外向型经济，面向国际市场形成以出口加工业为龙头，带动和激活国内经济的发展模式，并取得极大成功。今后我们仍然要坚定不移地扩大对外开放，积极参与国际分工，深度融入国际经济循环。另一方面，在贸易保护主义盛行、经济逆全球化趋势逐步显现的今天，我们也应更多地把发展目光转向国内，充分发挥我国陆海空间广阔、发展条件多样的优势，深化区域产业分工协作，强化区域间的经济联系，推动国内经济一体化发展。在市场调节的基础上，更好地发挥政府调节的统筹功能，推动深化东中西部区际互动合作，使中西部不发达地区融入东部发展、开放发展的大潮。《中共中央、国务院关于新时代推进西部大开发形成新格局的指导意见》提出，西部地区要积极对接京津冀协同发展、长江经济带发展、粤港澳大湾区建设等重大战略，发挥西部地区比较优势，拓展区际互动合作。

其次，区域协调发展要充分发挥城市的作用。要以中心城市为枢纽，以城市群为主体，构建大中小城市和小城镇协调发展的城镇化新格局。

城市是资源和要素的汇集地,是发展的"能量核",城市在辐射和带动周边地区发展方面发挥着巨大作用。总体而言,目前我国中小城市数量偏少,无法充分发挥其强化区域间经济联系的功能。这一点在西部地区表现尤为明显。西部地区要重点打造几个中心城市,如重庆、成都、西安等国际门户枢纽城市以及昆明、南宁、乌鲁木齐、兰州、呼和浩特等省会城市,并围绕中心城市建设一批中小城市群,在中小城市之下发展小城镇,形成围绕城市建设吸引要素汇集、优化资源配置、提升发展质量的区域发展新格局。

最后,区域协调发展要处理好经济社会发展与环境保护的关系,坚持绿色发展。我国中西部不发达地区往往也是生态环境比较脆弱的地区,这些地区的贫困落后一部分是生态环境遭到破坏、生存条件恶化的结果。因此,在经济发展过程中我们一定要转变把经济发展与环境保护对立起来的传统发展观念,树立"绿水青山就是金山银山"的新发展观,守住经济发展与生态环境保护两条底线,在保护和改善生态环境的前提下发展经济,通过改善生态环境觅得发展良机。近年来,中西部很多地区通过生态保护和环境治理,大力发展绿色农业、生态旅游和康养产业等绿色产业,走上了经济发展与环境保护互促共进的良性发展道路。这也充分表明,经济发展与环境保护是能够统一起来的。因此,塑造区域协调发展新格局,一定要坚持绿色发展、可持续发展,开辟人与自然和谐共生的新发展道路。

第五节 资源节约、环境友好的绿色发展体系

习近平总书记指出:"要建设资源节约、环境友好的绿色发展体系,实现绿色循环低碳发展、人与自然和谐共生,牢固树立和践行绿水青

山就是金山银山理念，形成人与自然和谐发展现代化建设新格局。"[1] 现代化经济体系是可持续发展的经济体系，绿色发展是现代化经济体系的基本要求，实现经济发展与生态环境改善互促共进，是现代化经济体系的基本特征。建设资源节约、环境友好的绿色发展体系是现代化经济体系的本质要求。

一、牢固树立和践行绿水青山就是金山银山理念

2005年8月，时任浙江省委书记的习近平在安吉县余村考察时，提出"绿水青山就是金山银山"的著名论断，强调不能以牺牲环境为代价追求一时的经济增长。2013年，习近平主席在哈萨克斯坦纳扎尔巴耶夫大学发表题为《弘扬人民友谊 共创美好未来》的重要演讲时指出："我们既要绿水青山，也要金山银山。宁要绿水青山，不要金山银山，而且绿水青山就是金山银山。"这一论断是习近平生态文明思想的主要内容之一，它代表一种新发展观，是人类发展思想的重大进步。

既要绿水青山，也要金山银山；宁要绿水青山，不要金山银山。这是我们处理环境保护与经济发展关系的基本态度和原则。这就是说，经济社会发展不能以牺牲生态环境为代价，在发展经济的同时也要注重环境保护；如果经济发展与生态环境保护发生冲突，我们宁愿放慢发展步伐，也绝不牺牲生态环境。

从牺牲绿水青山换取金山银山，到宁要绿水青山不要金山银山，再到绿水青山就是金山银山，反映了人类对人与周边生态环境关系的认识不断深化的过程。人类的生存和发展离不开自然界的支持，人类的发展本质上就是更多、更有效地从自然界取得所需资料的过程。长

---

[1]《习近平在中共中央政治局第三次集体学习时强调 深刻认识建设现代化经济体系重要性 推动我国经济发展焕发新活力迈上新台阶》，《人民日报》2018年2月1日。

期以来，人与自然的关系表现为人类单向地向自然索取的过程，然而，这样的行为是无法持续的。人类的过度索取一旦破坏了自然界生态系统自我维持的能力，生态系统就会不断退化甚至崩溃，这也意味着人类的生存环境不断恶化乃至生存条件彻底消失。在人类历史上，像两河流域的古巴比伦文明和尼罗河流域的古埃及文明的衰落乃至消亡，都与生态环境的破坏有着密切的关系。近代工业化以来，人类对自然界的开发和攫取呈几何级数增长，在不到 200 年的时间里，给全球生态环境造成了严重破坏，如大规模使用化石燃料导致大气中二氧化碳含量增加，地球温度上升，极端天气增多，自然灾害频发，等等。生态环境问题已经成为影响人类生存的一个全球性问题，引起世界各国的高度重视。

从 20 世纪 60 年代起，人类开始反思过去的工业化发展模式，逐步认识到以牺牲环境为代价发展经济不仅是得不偿失的，而且是不可持续的。人类需要转换发展思路，寻求新的更清洁的发展模式。经过多年的研究和实践，人类逐步认识到，人类对自然的开发利用有一个限度，超过了这一限度，开发带来的收益将不足以弥补环境破坏造成的损失，发展将变得不可持续。因此，人类不能无节制地开发和破坏自然界。随着严重的环境污染和生态破坏给人类带来越来越多的灾难，人类痛切地感受到，良好的生态环境本身就是人类生活福利的重要组成部分，为追求一时的经济增长而无节制地破坏生态环境从长远看是舍本逐末。人与自然不是简单的索取与给予的关系，二者相互影响、相互促进，又相互制约。2013 年 4 月，习近平总书记在海南考察工作结束时的讲话中深刻地指出："纵观世界发展史，保护生态环境就是保护生产力，改善生态环境就是发展生产力。良好生态环境是最公平的公共产品，是最普惠的民生福祉。对人的生存来说，金山银山固然重要，但绿水青山是人民幸福生活的重要内容,是金钱不能代替的。"①

1980年,世界自然保护联盟(IUCN)率先提出"可持续发展"概念,呼吁人类在发展经济的同时,保护好我们赖以生存的大气、淡水、海洋、土地和森林等自然资源和环境。可持续发展的基本目标是我们的发展不仅能够满足我们的需要,而且要使子孙后代能够永续发展和安居乐业。这就要求我们转变发展方式,依靠知识和技术的进步提高资源利用效率,实现经济增长,降低资源消耗和生态环境破坏,在经济发展与环境保护之间建立良性互动的关系。可持续发展理念作为我国社会主义现代化建设必须践行的重要发展理念,对我国实现可持续发展、高质量发展具有重要指导意义。

党的十八大以来,以习近平同志为核心的党中央高度重视生态环境问题。2013年5月24日,习近平总书记在十八届中央政治局第六次集体学习时的讲话中指出:"我们的生态环境问题已经到了很严重的程度,非采取最严厉的措施不可,不然不仅生态环境恶化的总态势很难从根本上得到扭转,而且我们设想的其他生态环境发展目标也难以实现。要精心研究和论证,究竟哪些要列入生态红线,如何从制度上保障生态红线,把良好生态系统尽可能保护起来。"②对于生态文明建设的具体方略,习近平总书记多次发表重要讲话,作了很多重要指示。他特别强调:"保护生态环境必须依靠制度、依靠法治。只有实行最严格的制度、最严密的法治,才能为生态文明建设提供可靠保障。"③2016年11月28日,习近平总书记在《关于做好生态文明建设工作的批示》

---

① 中共中央文献研究室编:《习近平关于社会主义生态文明建设论述摘编》,人民出版社2017年版,第4页。
② 中共中央文献研究室编:《习近平关于社会主义生态文明建设论述摘编》,人民出版社2017年版,第99页。
③ 中共中央文献研究室编:《习近平关于社会主义生态文明建设论述摘编》,人民出版社2017年版,第99页。

中指出:"要深化生态文明体制改革,尽快把生态文明制度的'四梁八柱'建立起来,把生态文明建设纳入制度化、法制化轨道。"① 党的十八大之后,围绕生态文明建设的一系列重大战略部署和政策措施相继出台。生态文明建设作为统筹推进"五位一体"总体布局和协调推进"四个全面"战略布局的重要内容,融入我国经济建设、政治建设、文化建设和社会建设工作的各个方面。党和政府加快推进生态文明顶层设计和制度体系建设,相继出台《关于加快推进生态文明建设的意见》《生态文明体制改革总体方案》等文件,制定了40多项涉及生态文明建设的改革方案,从总体目标、基本理念、主要原则、重点任务、制度保障等方面对生态文明建设进行了全面系统的部署安排。2018年5月,习近平总书记在全国生态环境保护大会上发表重要讲话指出:"用最严格制度最严密法治保护生态环境,加快制度创新,强化制度执行,让制度成为刚性的约束和不可触碰的高压线。"② 随着污染治理和生态环境保护力度的空前加大,我国生态环境持续恶化的态势从根本上得到扭转,绿色发展成效显著,生态环境持续改善。

党的十八大以来我国社会主义生态文明建设的伟大成就充分表明,"绿水青山就是金山银山"是引领我国经济社会高质量发展的先进理念,在这一理念指导下建立的"党委领导、政府主导、企业主体、全民行动"的生态环境治理格局是切实高效的环境治理模式。实践表明,环保督察等环境治理措施提高了行业集中度,推动了相关企业实现技术升级和产业转型,促使相关行业和地区加快形成绿色发展的内生机制,对我国经济总体上实现高质量发展具有重要的促进作用。

---

① 中共中央文献研究室编:《习近平关于社会主义生态文明建设论述摘编》,人民出版社2017年版,第109页。
② 习近平:《推动我国生态文明建设迈上新台阶》,《求是》2019年第3期。

二、建设绿色循环低碳发展的产业体系

习近平总书记指出:"加快形成绿色发展方式,是解决污染问题的根本之策。"[1] 从世界各国发展历史看,环境污染和生态破坏与人类的生产活动密切相关。近代以来,全球生态环境问题变得越来越严重,与工业革命引起的人类生产模式的变革有直接关系。就我国当前的情况看,生产活动的能源资源消耗占大头。我国农业用水量约占全部用水量的55%,工业能耗占全国能源消费总量的近70%。所以,要从根本上遏制生态环境恶化的势头,必须改变传统的"大量生产、大量消耗、大量排放"的生产模式,提高资源利用效率,形成绿色低碳的产业发展模式。

建设现代化经济体系,十分重要的一点就是通过产业生态化和生态产业化的发展路径,建设绿色低碳循环发展的产业体系,推动形成绿色发展生产方式和生活方式,实现经济高质量发展。具体而言,要重点抓好以下几项工作。

第一,要大力调整经济结构和能源结构,提高能源和资源利用效率,开发利用清洁能源。

从经济结构看,当前我国产业结构整体偏低端,高投入、高消耗、低效益的产业占比较大,不仅资源和能源利用效率低,而且造成严重的环境污染和生态破坏,不具有可持续性。建设绿色发展的产业体系,首先就要下大力气坚决淘汰高投入、高消耗、高污染、低效益的落后产能,降低高污染低效能产业的比重。一方面严格项目环评和市场准入,在源头环节把高污染企业和低端产业拒之门外;另一方面要综合运用行政手段和经济手段,推动现有企业设备改造和技术升级,提升资源

---

[1] 习近平:《推动我国生态文明建设迈上新台阶》,《求是》2019年第3期。

和能源的综合利用效率，减少污染和废弃物排放。对于污染排放无法达标的企业，坚决关停。其次要大力鼓励和支持提高能效、减少排放等与环境污染治理有关的技术研发和应用，加强对现有产业和企业的绿色化改造，在现有产业中导入生态环境要素，提升现有产业与生态环境的相容性。通过构建支撑农业绿色发展的技术体系，开展绿色技术创新和示范推广，大力发展绿色农业，着力加强绿色优质农产品和生态产品供给；通过建设矿区环境生态化、开采方式科学化、资源利用高效化、企业管理规范化和矿区社区和谐化的绿色矿山，减少矿业开采对矿区及周边生态环境的扰动；通过构建科技含量高、资源消耗低、污染排放少的绿色制造体系，加快制造业绿色转型；鼓励和支持金融业为环境改善、应对气候变化和资源节约高效利用的经济活动提供项目投融资、项目运营、风险管理等金融服务，大力发展绿色金融。最后要推动产业结构升级，提升服务业，特别是高端生产性服务业的比重。总体来看，第一产业和第二产业能耗水平和污染强度高于第三产业，提高第三产业比重既符合经济现代化的一般规律，也有利于降低整个产业体系的能耗和污染水平。

从能源结构看，我国对化石能源的依赖程度过高，特别是煤炭消费占能源消费比重偏高，导致二氧化碳等有害物排放较多，对环境影响较大。2018年，中国化石能源占能源消费总量比重达85.7%，其中煤炭消费量占能源消费总量比例达到59%。尽管随着天然气和光伏太阳能、风能等新能源占比的提升，我国煤炭消费占比不断下降，但仍远远高于不足30%的世界平均煤炭消费占比。由于我国能源禀赋的基本特点是"富煤、缺油、少气"，对煤炭的依赖短期内不可能有太大改变。但是，我们必须通过大力发展清洁、可再生能源，逐步降低化石能源的消费比重，才能实现高质量发展。2018年，我国非化石能源消费占比为 14.3%，低于 15.3% 的世界平均水平。我国清洁能源潜力巨大，技术可开发的风能资源大约是 35 亿千瓦，技术可开发的太阳能资源大约是 22 亿千瓦，而目前实际开发量还不到上述可开发资源的十分之一。因此，大力鼓励可再生清洁能源的开发利用，改革电力管理体制，提高可再生清洁能源消纳能力，加强技术研发，降低可再生能源成本，提高其在我国能源消费结构中的占比，是降低污染排放、改善能源结构、实现绿色发展的根本途径。

第二，优化国土空间开发布局，调整区域流域产业布局。我国国土面积虽然广阔，但其中约 60% 为不适合人类生活的山地和高原，适宜工业和城市建设及耕作的土地仅有 180 多万平方公里。我国生态脆弱区域面积广大，中度以上生态脆弱区域占全国国土空间的一半以上。因此，在经济社会发展过程中，我们必须坚持经济发展与生态保护相协调的原则，科学规划、有序推进国土空间开发利用。要构建以空间治理和空间结构优化为主要内容，全国统一、相互衔接、分级管理的空间规划体系，强化国土空间规划对各专项规划的指导约束作用，推进多规合一，实现土地利用规划、城乡规划、产业发展规划等有机融合。要建立健全规划传导机制，推进国土空间战略布局精准落地；建立健全政策制度保障体系，加强国土空间用途管制。要围绕国家重大发展战略，优化国土空间总体战略格局，调整区域流域产业布局，优化空间配置效率，推进资源高效集约利用，使生产空间、生活空间和生态空间相互协调。

第三，培育壮大节能环保产业、清洁生产产业、清洁能源产业，发展高效农业、先进制造业、现代服务业。大力发展节能环保产业、清洁生产产业和清洁能源产业是生态产业化的主要实现途径，是经济效益、生活效益和生态效益的统一。高效农业、先进制造业和现代服务业是现代产业体系的主要组成部分，是利用现代科学技术对传统农业、传统制造业和传统服务业进行改造、替代和产业升级的结果，它把先进科技成果融入生产过程和产品中，提高了资源能源利用效率，降低了单位能耗和污染排放，提升了生产自动化和智能化水平，改进了产品的质量和功能。发展以高效农业、先进制造业和现代服务业为主体的现代产业是建设现代化经济体系的重要内容。要进一步加快节能技术装备升级换代、提升环保技术装备自动化和智能化水平、开发资源循环利用技术装备、壮大节能环保服务业；要推进能源技术革命，加快发展天然气与可再生能源等清洁能源，带动产业升级；加快构建现代农业技术体系、生产体系和经营体系，大力发展高效农业；加快发展先进制造业，推动互联网、大数据、人工智能和实体经济深度融合，提升制造业的信息化和智能化水平；加快发展现代服务业，提升服务业内部结构，提高人力资本的质量。

第四，推进资源全面节约和循环利用，实现生产系统和生活系统循环链接。大力发展循环经济，推进资源综合循环利用是实现经济绿色发展的重要途径。要加强技术研发，提高污染物和废弃物资源化利用的深度和广度；要丰富完善产业链和产品链，强化资源综合利用能力；要推进生活垃圾分类和再生资源回收相互衔接和融合，提高生活垃圾的资源化利用能力和水平。

三、推动形成人与自然和谐发展现代化建设新格局

在人与自然关系问题上的不同观点，是传统发展模式与现代发展模式的一个重大区别。传统发展模式建立在对人与自然关系的片面理解基础上，由此形成的机械自然观。它把人与自然机械地区分开来，对立起来；强调人是主体，自然是客体，自然是被动地从属于人的；

人可以通过对自然的索取而获得自身的发展，人类的发展能力和水平可以用对自然的索取能力来衡量。这种单向的、掠夺式的发展观是近代资本主义产生和发展的意识形态基础，它为资本主义无限度、无节制的扩张提供了合理性。马克思和恩格斯指出："资产阶级，由于开拓了世界市场，使一切国家的生产和消费都成为世界性的了。"[①] 资产阶级开拓世界市场，既是为了销售商品获取利润，更是为了扩大资源获取范围，在世界范围内低成本地掠夺资源。随着资本主义不断扩张和对自然资源的过度开采，全球资源逐渐濒临枯竭，这不仅会引发资本主义自身的经济危机，也造成了全球性的生态危机。从根本上讲，全球生态环境问题是资本主义生产方式的产物，是错误自然观导致的必然结果。20世纪五六十年代以来，随着全球生态环境问题日益严重，人类开始反思过去的发展模式，逐步认识到支撑传统发展模式的机械自然观的错误，并在此基础上形成新的自然观和可持续发展观。新的自然观强调人是自然的一部分，人与自然不是单向的索取与给予的关系，而是相互影响、相互作用、相生相伴、紧密联系的"生命共同体"。人类无节制地掠夺大自然，最终必然伤及人类自身。因此，人与自然是和谐共生的关系；人类的发展不能以牺牲生态环境为代价，而应该在合理保护、有序开发和利用自然资源基础上实现可持续发展。人与自然和谐共生是社会主义生态文明观的核心；可持续发展是我国建设现代化经济体系遵循的基本原则。我们建设现代化经济体系，必须牢固树立社会主义生态文明观。在处理经济发展和生态环境的关系时，必须坚持人与自然和谐共生的原则，形成经济发展与生态环境改善同向共进的新发展格局。习近平总书记在党的十九大报告中指出："生态文明建设功在当代、利在千秋。我们要牢固树立社会主义生态文明观，

---

① 《马克思恩格斯文集》第2卷，人民出版社2009年版，第35页。

推动形成人与自然和谐发展现代化建设新格局,为保护生态环境作出我们这代人的努力!"① 这一重要论述是指导我们建设现代化经济体系的基本原则。

  推动形成人与自然和谐发展现代化建设新格局,要做好以下几点:首先,要牢固树立和践行绿水青山就是金山银山的理念,把生态环境保护作为各项工作必须考虑的头等大事,置于优先地位,推动达成"保护生态环境就是保护生产力,改善生态环境就是发展生产力"的共识。在实际工作中坚持节约优先、保护优先、自然恢复为主的方针,把人类活动限制在资源环境可承受的限度内,为自然恢复留足空间和时间。其次,要坚持节约资源和保护环境的基本国策,推动资源利用方式根本转变,把经济社会发展建立在通过创新和技术进步提高资源利用效率的基础之上,在发展的各个层面和各个环节渗透越来越多的"绿色"元素。要加快形成节约资源和保护环境的空间格局、产业结构、生产方式、生活方式,使绿色观念深入人心,绿色生产方式和生活方式蔚然成风。再次,要建立健全生态文明制度体系。实行最严格的生态环境保护制度,全面建立资源高效利用制度,健全生态保护和修复制度,严明生态环境保护责任制度,从制度源头堵死破坏生态环境的各种漏洞,对破坏生态环境的行为提供明确的惩处依据,为保护和修复生态环境的行为提供有制度保障的激励和支持。要严格划定、严格守住生态保护红线、环境质量底线、资源利用上线三条红线,严格环境执法,对任何破坏生态环境的违法行为都绝不姑息。要尽快构建起由自然资源资产产权制度、国土空间开发保护制度、空间规划体系、资源总量管理和全面节约制度、资源有偿使用和生态补偿制度、环境治理体系、

---

① 《决胜全面建成小康社会 夺取新时代中国特色社会主义伟大胜利》,载于《中国共产党第十九次全国代表大会文件汇编》,人民出版社2017年版,第42页。

环境治理和生态保护市场体系、生态文明绩效评价考核和责任追究制度等构成的系统完善的生态文明制度体系,形成生态文明制度的"四梁八柱",推动生态文明建设规范有序开展。最后,要鼓励社会各方面力量积极参与生态文明建设。良好生态环境是最公平的公共产品,是最普惠的民生福祉,需要社会各方面共同努力,自觉维护。习近平总书记强调:"生态文明是人民群众共同参与共同建设共同享有的事业,要把建设美丽中国转化为全体人民自觉行动。每个人都是生态环境的保护者、建设者、受益者,没有哪个人是旁观者、局外人、批评家,谁也不能只说不做、置身事外。要增强全民节约意识、环保意识、生态意识,培育生态道德和行为准则,开展全民绿色行动,动员全社会都以实际行动减少能源资源消耗和污染排放,为生态环境保护作出贡献。"[1] 我们要调动企业、社会组织和个人的公益积极性,推动全社会共同参与,共建共享。

第六节 多元平衡、安全高效的全面开放体系

习近平总书记指出:"要建设多元平衡、安全高效的全面开放体系,发展更高层次开放型经济,推动开放朝着优化结构、拓展深度、提高效益方向转变。"[2] 和对内改革一样,对外开放是近四十多年来推动我国经济社会快速发展的重要动力,是一项必须长期坚持的基本国策。当前,世界经济政治格局正在发生重大调整,我国的经济社会发展也进入新的历史阶段,我国的对外开放面临着新的任务和要求。习近平

---

[1] 习近平:《推动我国生态文明建设迈上新台阶》,《求是》2019年第3期。
[2] 《习近平在中共中央政治局第三次集体学习时强调 深刻认识建设现代化经济体系重要性 推动我国经济发展焕发新活力迈上新台阶》,《人民日报》2018年2月1日。

总书记的重要论述为我国新时代对外开放事业指明了方向和目标。

一、发展更高层次开放型经济

21世纪，世界各国经济联系日益紧密，分工协作程度持续加深，全球经济一体化程度不断提高。中国建设现代化经济体系，必须走开放发展的道路，充分利用好国内和国外两方面的资源，开拓国内和国际两个市场，在全球范围内优化资源配置，打造高层次、高水平开放型经济。

党的十八大以来，我国对外经济活动不断发展和深化，开放型经济建设不断取得新成就。2019年，我国货物进出口总额达到31.55万亿元人民币，同比增长3.4%，其中出口17.23万亿元，进口14.32万亿元。按名义价格计算，2019年进出口总额在2012年的基础上增长了近30%。2013年，我国超越美国成为全球货物贸易第一大国，2014年至2015年继续保持这一地位。2017年至2018年，我国重新成为全球货物贸易第一大国。

2019年，我国实际利用外资1381亿美元，同比增长2.35%，在2012年的基础上增长了21.90%。截至2018年年底，我国连续2年成为全球第二大外资流入国，连续27年成为外资流入最多的发展中经济体。

对外经济合作方面，我们提出了"一带一路"倡议，谱写了区域经济合作新篇章，在对外工程承包和对外劳务合作等方面也取得很大进展。2019年，我国获得对外工程承包合同11932份，合同金额2602.50亿美元，同比分别增长8.62%、7.62%，比2012年分别增长77.82%、66.26%。2019年，我国对外劳务合作派出劳务人数达30万人，同比增长13.73%，比2012年增长7.86%。

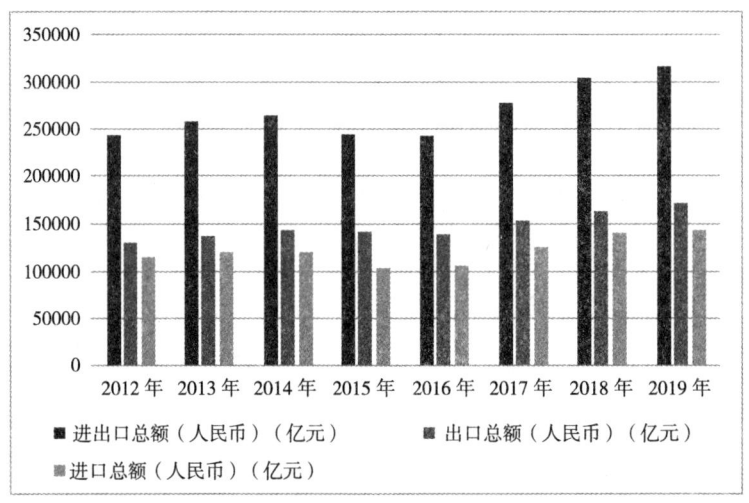

图 5-3 我国货物进出口发展状况（2012—2019 年）

数据来源：国家统计局网站

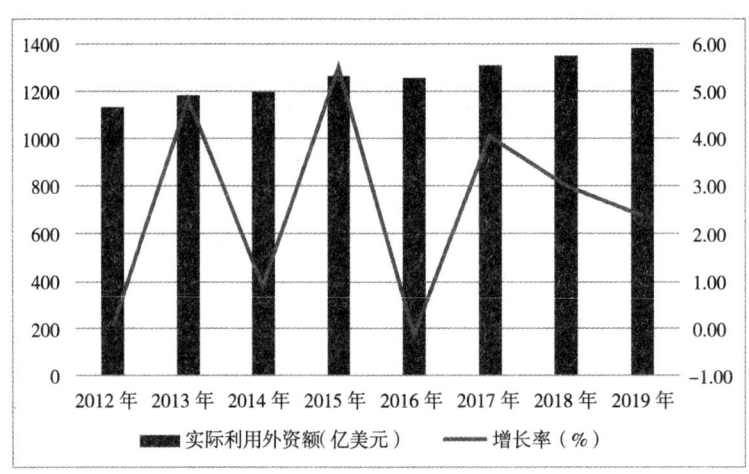

图 5-4 我国实际利用外资及增长率（2000—2019 年）

数据来源：国家统计局网站

党的十八大以来，我国在对外开放方面出台了一系列新政策、新举措，对外开放的广度和深度持续发展。

第一,自由贸易试验区建设稳步推进。自由贸易区作为采取自由港政策的关税隔离区,对于提升我国对外开放水平,打造沿海、内陆、沿边"三位一体"开放新格局具有重要意义。从2013年8月设立中国(上海)自由贸易试验区开始,截至2019年8月,中国已经批准设立18个自贸试验区,覆盖全国一半以上省、自治区、直辖市。2018年,中央决定支持海南全岛建设自由贸易试验区,并逐步探索中国特色自由贸易港建设。2020年6月,中共中央、国务院印发《海南自由贸易港建设总体方案》,提出对标国际高水平经贸规则,聚焦贸易投资自由化便利化,建立与高水平自由贸易港相适应的政策制度体系,建设具有国际竞争力和影响力的海关监管特殊区域,将海南自由贸易港打造成引领我国新时代对外开放的鲜明旗帜和重要开放门户。

第二,对外开放新体制逐步完善。自十八届三中全会提出构建开放型经济新体制以来,我国政府在推进贸易便利化、扩大市场投资准入等方面出台了一系列政策措施。如建立便利跨境电子商务等新型贸易方式的体制;全面实行准入前国民待遇加负面清单管理制度等。2017—2020年,我国连续四年修订全国和自贸试验区外商投资准入负面清单,限制措施分别由93项、122项减至33项、30项。一些重点领域和关键行业的对外开放也迈出新步伐,如金融、电信等服务业进一步加大对外开放程度。2020年版《外商投资准入特别管理措施(负面清单)》加快了金融、基础设施、交通运输等重点领域的开放进程,取消证券公司、证券投资基金管理公司、期货公司、寿险公司外资股比限制,实现了负面清单金融条目的清零。取消了50万人口以上城市供排水管网的建设、经营须由中方控股的规定。在对外开放法律法规建设方面,《中华人民共和国外商投资法》和《中华人民共和国外商投资法实施条例》于2020年1月1日起施行。

当前我国经济已经由高速增长阶段向高质量发展阶段过渡，进一步扩大对外开放，发展更高层次开放型经济是我国经济顺利实现转型、完成过渡的必要条件。与高质量发展的要求相比，我国对外开放水平总体上仍然偏低，在很大程度上制约了对国际国内两个市场、两方面资源的有效利用；在应对国际经贸争端和贸易保护主义上，我们的手段和能力都不够强，对国际经贸规则的理解不够深，运用也不够灵活有效；对外开放的相关法律制度也不够完善。今后，我们要实行更加积极主动的开放战略，加快构建开放型经济新体制，破除制约开放的体制机制障碍。进一步完善法规制度，大幅放宽市场准入，全面对接国际高标准市场规则体系，遵守国际营商惯例，严格依法保护知识产权，保护外资企业合法权益，营造良好营商环境，实施更大范围、更宽领域、更深层次的全面开放，吸引更多的外国企业和资本参与中国的经济建设。要进一步扩大对外经济合作，继续推进"一带一路"国际合作，深度参与全球经济分工，进一步提升整个出口产品的附加值和竞争力。要积极参与建设和维护开放自由的国际贸易秩序，积极推动贸易便利化，反对贸易保护主义。

二、深化"一带一路"国际合作

2013年9月和10月，习近平总书记先后提出共建"丝绸之路经济带"和"21世纪海上丝绸之路"的重大倡议（"一带一路"倡议），旨在依靠中国与相关国家既有的双边机制、合作平台，促进区域内经济要素有序自由流动、资源高效配置和市场深度融合，推动沿线各国实现经济政策协调，开展更大范围、更高水平、更深层次的区域合作，共同打造开放、包容、均衡、普惠的区域经济合作架构。"一带一路"倡议是我国对外开放史上迈出的新的重大步伐。

第五章
系统推进现代化经济体系建设

"一带一路"倡议基于沿线国家经济发展水平、资源禀赋、产业结构的差异,力图通过深化区域经济合作,实现国家间、区域间优势互补。它以共商共建共享为原则,以和平合作、开放包容、互学互鉴、互利共赢的丝绸之路精神为指引,以政策沟通、设施联通、贸易畅通、资金融通、民心相通为重点,是惠及所有合作方的公共产品。因此,"一带一路"倡议一经提出,就得到沿线国家和相关国际组织的积极响应。截至2021年1月底,我国已经与171个国家和国际组织签署了205份合作文件,共建"一带一路"国家已由亚欧延伸至非洲、拉丁美洲和南太平洋等区域。

"一带一路"倡议提出以来,沿线国家的经济合作和文化交流不断加强,在多个方面取得丰硕成果。第一,政策沟通取得重大进展。共建"一带一路"倡议及其核心理念已写入联合国、二十国集团、亚太经合组织及其他区域组织等有关文件中,赢得国际社会的广泛认同。第二,设施联通快速推进。加快设施联通建设是共建"一带一路"的关键领域和核心内容。交通方面,在"六廊六路多国多港"的框架下,中老铁路、巴基斯坦瓜达尔港等一批标志性的交通建设项目取得了实质性的进展。截至2018年年底,中欧班列已经联通亚欧大陆16个国家的108个城市。中国与15个沿线国家签署了18个双多边国际运输便利化协定,与126个国家和地区签署了双边政府间航空运输协定。能源设施方面,中国与沿线国家签署了一系列合作框架协议和谅解备忘录,在电力、油气、核电、新能源、煤炭等领域开展了广泛合作,促进国家和地区之间的能源资源优化配置。通信设施方面,中缅、中巴、中吉、中俄跨境光缆信息通道建设取得明显进展。第三,贸易畅通成果丰硕。目前中国已经与东盟、巴基斯坦、格鲁吉亚等多个国家和地区签署或升级了自由贸易协定,与欧亚经济联盟签署经贸合作协定,与沿线国家的自由贸易区网络体系逐步形成。2013—2018年，中国与沿线国家货物贸易进出口总额超过6万亿美元。中国与17个国家建立双边电子商务合作机制，在金砖国家等多边机制下形成电子商务合作文件，加快了企业对接和品牌培育的实质性步伐。第四，资金融通多元发展。各国主权财富基金对沿线国家主要新兴经济体投资规模显著增加；中国—阿拉伯国家银行联合体、中非金融合作银行联合体成立，形成多边金融合作机制；各类创新金融产品不断推出，拓宽了共建"一带一路"的融资渠道；金融互联互通不断深化，已有11家中资银行在28个沿线国家设立了分支机构，来自22个沿线国家的50家银行在中国设立了法人银行或分支机构。第五，民心相通效果良好。沿线国家在文化合作交流，教育、旅游、卫生健康合作，救灾、援助与扶贫等方面推出了形式多样、内容丰富的合作项目，增进了沿线各国人民的相互交流、相互理解和认同，为共建"一带一路"奠定了坚实的民意基础。[1]

中国与"一带一路"沿线国家的经济联系不断加强。2019年中国与"一带一路"沿线国家货物贸易总额超过1.3万亿美元，增长达到6%，占对外贸易总额比重达到29.4%。中国对沿线国家非金融类直接投资150.4亿美元，完成对外承包工程营业额979.8亿美元，增长9.7%，占对外承包工程总额的56.7%。同时，沿线国家企业也积极来华投资兴业，2019年在华新设企业5591家，增长24.8%，直接投资84.2亿美元，增长30.6%。

近年来，随着贸易保护主义抬头，中国与欧美等国家的贸易摩擦有不断加剧的趋势。特别是2020年新冠肺炎疫情发生以来，国际经济交往合作变得越来越充满不确定性。在这种形势下，进一步推进"一

---

[1]《共建"一带一路"倡议：进展、贡献与展望》，新华网，http://www.xinhuanet.com/world/2019-04/22/c_1124400071.htm。

带一路"建设,深化与沿线国家的经济合作,对于我国扩大对外开放,构建国内国际双循环相互促进的新发展格局具有重要意义。2020年5月出台的《中共中央、国务院关于新时代加快完善社会主义市场经济体制的意见》提出,以"一带一路"建设为重点构建对外开放新格局,坚持互利共赢的开放战略,推动共建"一带一路"走深走实和高质量发展,促进商品、资金、技术、人员更大范围流通,依托各类开发区发展高水平经贸产业合作园区,加强市场、规则、标准方面的软联通,强化合作机制建设。这将是未来一个时期我国推进"一带一路"建设的重点任务。

三、积极参与全球经济治理体系变革

全球经济治理体系是经济全球化发展的必然产物。国家间经济交流的加强客观上需要制定一套规范国际经济活动的规则体系以及相应的实施机制,以解决国际经济纠纷,维护国际经济交往秩序,这就是全球经济治理体系。现行全球经济治理体系是在布雷顿森林体系的基础上建立和发展起来的,它主要包括国际货币基金组织(IMF)、世界银行(WB)和世界贸易组织(WTO)三大支柱。这一体系对深化全球分工协作、化解国际经济纠纷、促进全球经济稳定繁荣做出了重大贡献。但随着全球经济格局发生巨大变化,这一体系的很多方面越来越不适应经济全球化进一步发展的需要,改革现行全球经济治理体系的呼声越来越强烈。

第一,全球治理体系因代表性不足而面临合法性危机。现行全球治理体系是第二次世界大战后由美欧等发达资本主义主导建立的,凭借其创始国地位以及强大的经济实力,这些国家在全球经济治理体系中获得巨大权力,发展中国家的话语权则很小。例如,在国际货币基

金组织中美国目前拥有16.52%的投票权份额。按照规定，任何重大决策必须获得85%以上的投票权才能通过，这就意味着只要美国反对的方案都不能通过。这种"一国独大"的全球治理体系会影响这些组织决策的公平性，进而削弱其公信力，降低全球治理的效能。2008年全球金融危机以来，以"金砖国家"为代表的新兴经济体等发展中国家经济发展迅速，对全球经济增长的贡献率超过了80%。在这种情况下，发展中国家参与全球治理的愿望越来越强烈，改革现行全球治理结构，实现权利和贡献相平衡，保障所有成员国的利益变得越来越迫切。

第二，现行全球治理体系的治理效能被单边主义严重削弱。近年来，随着中国经济实力迅速提升，美国等发达国家经济实力相对下降，一些国家对全球化表现出越来越多的敌意。它们把自身实力的下降归因于全球治理规则对它们不公平，并绕过全球经济治理机构，采取单边主义行为，对全球经济治理体系造成很大冲击。特朗普上台后，把中美贸易顺差错误地归咎于现有的贸易规则，认为世界贸易组织偏袒中国，损害了美国的利益，公开扬言美国准备退出世界贸易组织，并对中国出口美国产品征收高额关税。特朗普顽固的单边主义行为导致中美贸易摩擦急剧升温，同时导致世界贸易组织被边缘化，全球贸易治理体系面临解体风险。

习近平总书记在党的十九大报告中向世界表达了中国政府对全球治理的基本立场。他强调："中国秉持共商共建共享的全球治理观，倡导国际关系民主化，坚持国家不分大小、强弱、贫富一律平等，支持联合国发挥积极作用，支持扩大发展中国家在国际事务中的代表性和发言权。"[①] 十九届四中全会进一步表达了中国政府对全球治理体系

[①]《决胜全面建成小康社会 夺取新时代中国特色社会主义伟大胜利》，载于《中国共产党第十九次全国代表大会文件汇编》，人民出版社2017年版，第48页。

改革的基本态度,报告强调,高举构建人类命运共同体旗帜,秉持共商共建共享的全球治理观,倡导多边主义和国际关系民主化,推动全球经济治理机制变革。这一系列表态明确了我们对于改革全球经济治理体系的主要立场。

第一,坚持共商共建共享的全球治理观是改革全球经济治理体系的基本前提。截至2019年年底,全世界共有233个国家和地区,其中主权国家197个、地区36个。这些国家和地区面积有大有小,人口有多有少,经济有的发达、有的不发达,文化习俗多种多样。中国政府一贯主张,所有国家和地区都是地球这个人类家园中平等的成员,在国际经济治理体系中各行为主体应平等参与、共同建设、共享成果。在处理国际经济事务时,所有行为主体都有平等参与的权利,当前应努力提高发展中国家在国际组织中的代表性和发言权。在改革全球经济治理体系时,应该尊重所有成员国的意见,要考虑所有成员国的利益,通过共同协商,取得成员国的最大共识。在建设全球经济治理体系过程中,不应由个别或少数国家主导按照自己的意志来构建,而应在成员国共识的基础上鼓励有关各方积极参与、共同建设。全球治理成果应由所有参与者共同分享。基于这一全球治理观,中国政府坚持多边主义的全球治理原则,反对单边主义,支持联合国在处理国际事务中的核心地位,支持WTO、IMF、WB等世界主要国际经济治理机构的改革,建设和维护开放、透明、包容、非歧视性的多边贸易体制,促进贸易投资自由化便利化。

第二,推动构建人类命运共同体是全球经济治理的重要目标。当今世界各国经济联系日益紧密,利益的高度交融使得每个国家成为共同利益链条上的一个环节。同时,各国经济发展面临着许多共同问题,如经济增长动能不足、贫富分化日益严重,等等。无论是追求共同利益,还是解决共同面临的问题,都不是哪一个国家单独行动能够做到的,需要世界所有国家同心协力,团结起来,共同采取行动。构建人类命运共同体是世界各国从人类共同发展进步的大局出发,理性解决当今人类社会共同面临的一系列重大问题的最佳方案。从构建人类命运共同体的高度出发,在应对全球经济问题和贸易摩擦时,我们应努力促进贸易便利化、投资自由化,推动经济全球化朝着更加开放、包容、普惠、平衡、共赢的方向发展。

第七节 充分发挥市场作用、更好发挥政府作用的经济体制

党的十九大报告强调:"着力构建市场机制有效、微观主体有活力、宏观调控有度的经济体制,不断增强我国经济创新力和竞争力。"[1]2018年1月31日,习近平总书记在中共中央政治局第三次集体学习时强调:"要建设充分发挥市场作用、更好发挥政府作用的经济体制,实现市场机制有效、微观主体有活力、宏观调控有度。"[2]一个市场有效、政府有为的经济体制,既是中国特色社会主义的显著优势,也是顺利建设现代化经济体系的根本保障。

一、市场机制有效

改革开放后,中国经济的最大变化就是恢复了市场,让市场机制重新发挥对经济的调节作用。从1979年9月出台的《中共中央关于加强农业发展若干问题的决定》正式肯定农村集市贸易是社会主义经济

---

[1]《决胜全面建成小康社会 夺取新时代中国特色社会主义伟大胜利》,载于《中国共产党第十九次全国代表大会文件汇编》,人民出版社2017年版,第24页。
[2]《习近平在中共中央政治局第三次集体学习时强调 深刻认识建设现代化经济体系重要性 推动我国经济发展焕发新活力迈上新台阶》,《人民日报》2018年2月1日。

的附属和补充，允许其存在和发展，到1992年党的十四大正式提出中国经济体制改革的目标是建立社会主义市场经济，市场机制对经济的调节作用逐步得到扩展和深化。实践证明，中国经济改革之所以成功，关键在于充分发挥市场机制在资源配置中的基础性作用，激发了整个国家的经济活力。也正因为如此，十八届三中全会提出进一步加强市场机制的作用，使市场机制在资源配置中起决定性作用。

市场机制是指"以市场为基本联结方式，即在商品等价交换关系的基础上，各种经济活动之间内在的相互作用，或各种经济行为发生与形成的内在过程"[①]。市场机制包括价格机制、竞争机制、供求机制等，这些机制相互融合、相互交织，共同发挥作用，自发地调节着各个市场主体的经济行为，实现资源的优化配置。与其他调节方式相比，它是一种低成本、高效率的调节方式。首先，它是自发调节，是经济当事人根据自己的经济目标和约束条件自觉做出的决策，不是第三方调节，所以不需要支付调节成本。其次，市场调节是一种即时调节，即市场价格、供求乃至竞争等机制都是对市场状况变化的当场反应，时效性很强。只要市场机制不受限制，它的反应就不会有时滞。这一点保证了市场调节极大地减少资源错配和浪费。最后，市场调节是建立在信息充分基础上的，它能够最大限度地避免不完全信息导致的资源错配。市场价格的形成及其变化是市场信息充分汇集的结果，在理想状态下，市场是不存在无风险套利机会的。这从另一方面证明了市场调节的有效性。

当然，我们上面讲的市场有效性仅仅是一种理想状态，即市场机制能够不受限制地、完全充分地发挥作用。在现实生活中，市场机制会

[①] 中国社会科学院经济研究所编：《现代经济辞典》，凤凰出版社、江苏人民出版社2004年版，第935页。

受到各种各样的约束和限制，导致市场调节不充分，甚至出现市场失灵。要充分发挥市场机制的调节作用，就需要我们一方面最大限度地清除对市场机制的不合理限制；另一方面要积极发挥其他主体的作用，对市场失灵进行建设性补充。在现阶段我国现代化经济体系建设过程中，充分发挥市场机制有效调节作用应着重做好以下几方面的工作。

第一，夯实以产权制度为核心的市场经济基础性制度。市场经济是契约经济，需要一整套制度确保交易双方在自愿平等前提下签订契约，并确保契约严格实施，以保障交易双方的权利和利益。产权制度是市场经济制度体系的核心，它从根本上决定着经济主体的行为，进而决定资源配置效率。目前我国产权制度仍不够完善，产权界定不够清晰，法律上制度上还存在一些模糊和空白之处；产权保护不够严格，行政权力侵犯合法产权的情况时有发生；产权交易还受到多种因素的制约，没有完全实现自愿平等自由交易；产权收益还没有完全做到与权利保持一致，等等。上述情况在生产要素产权制度中表现尤为突出。今后要进一步完善产权制度，健全归属清晰、权责明确、保护严格、流转顺畅的现代产权制度，确保权利与利益的一致性，强化产权激励。

第二，完善要素市场化配置体制机制。土地、劳动力、资本、技术和数据等生产要素是全部经济社会活动的基础性资源，生产要素的配置效率从根本上决定着社会资源的总体配置效率。改革开放以来，我国商品和服务基本实现了市场化配置，但由于体制机制的障碍，生产要素市场化配置程度偏低，从而制约着资源配置的整体效率。必须下大力气改革生产要素管理体制，打破行业分割、地区分割和所有制分割，建立全国统一开放的生产要素市场，消除要素自由流动的各种障碍，完善保障要素公平竞争的制度体系。深入推进要素价格市场化改革，完善要素价格形成机制，建立健全主要由市场决定价格的机制，减少政府对价格的不当干预。创新要素市场化配置方式，根据生产要素的具体特点采取灵活多样的要素配置和使用方式，激发各类市场主体的活力。

第三，处理好政府与市场的关系。政府和市场是资源配置的两种手段，双方各有优劣。一般而言，政府主要在公共领域配置资源，它追求的是公共利益最大化；市场是在私人领域配置资源，它的直接目标是各个经济主体的利益最大化。良好的政府市场关系应该是二者相互配合、相互补充。一方面，政府和市场各有自己的活动范围，通常情况下二者互不干预；另一方面，政府和市场不是相互排斥、非此即彼的关系。政府虽然不是市场活动中的"运动员"，但它作为"裁判"介入市场，确保市场公平竞争。政府还需要通过微观经济政策介入市场活动，弥补市场失灵。而政府在配置公共资源时，也可以利用市场手段。我国当前的主要问题是政府对市场的不当干预、过度干预现象仍大量存在。充分发挥市场调节作用，就要进一步减少政府干预，特别是对生产要素市场的干预，扩大市场机制发挥作用的空间，同时积极维护市场公平竞争秩序，完善竞争政策，全面实施市场准入负面清单制度，全面落实公平竞争审查制度。

二、微观主体有活力

在市场经济中，微观主体主要包括企业和个体工商户等市场主体。它们是社会经济活动的主要组织者，是市场经济的细胞。微观主体的活力，是一个国家经济活力和竞争力的主要来源。决定微观主体活力的因素，既包括内部治理结构、技术水平等微观主体自身的因素，也包括市场环境、国家经济政策等外部因素。从微观主体自身而言，增强自身经营活力，最重要的是建立有效的产权制度和法人治理结构，完善内部激励机制，调动各方面的积极性。从作为市场管理者的政府角度看，能够影响微观主体经营行为和经营绩效的主要因素是营商环境，即与企业经营活动相关的市场环境、行政环境、法律环境、社会环境等外部条件的总和。一个体制健全、管理良好的政府能够为微观主体创造良好的营商环境，从而有效激发微观主体的活力和竞争力。

当前中国经济正处于由高速增长阶段向高质量发展阶段过渡的关键时期，增强微观主体活力，强化微观主体自我发展的能力，是我国经济实现顺利过渡的关键。近年来，党中央把激发微观主体活力作为经济改革的重要目标，作为推动经济高质量发展的战略举措。2018年年底召开的中央经济工作会议强调，增强微观主体活力，发挥企业和企业家主观能动性；在部署加快经济体制改革时，提出要以增强微观主体活力为重点，推动相关改革走深走实。

政府兼具国有企业所有者和市场管理者双重身份，激发微观主体活力需要从两个方面着手：一方面通过国有企业改革，建立与市场经济相适应的内部治理结构；另一方面通过行政管理体制改革，理顺政府与企业的关系，为微观主体创造良好的营商环境。

国有企业改革需要从两个方面进行：一方面，从国有经济总体看，考虑到国有企业的特殊性质以及它承担的社会功能，需要对国有企业进行布局优化，有进有退，有所为有所不为。国有企业的主导地位是通过对国民经济的影响力和控制力，以及提供公共物品和服务国家战略目标的能力来体现的。因此，国有企业应通过布局调整，重点集中于少数关系国计民生的重要领域和关系国家经济命脉、科技、国防、安全等领域。对充分竞争领域的国家出资企业和国有资本运营公司出资企业，探索将部分国有股权转化为优先股，强化国有资本收益功能。要积极探索国有资本投资、运营公司等国有资本高效运营模式，盘活存量国有资本，促进国有资产保值增值，做强做优做大国有资本，有效防止国有资产流失。

另一方面，从单个国有企业角度看，作为市场经营主体，国有企业要按照现代企业的要求，完善内部法人治理结构和市场化经营机制，健全经理层任期制和契约化管理，提高国有企业管理水平和市场经营能力。同时积极稳妥推进国有企业混合所有制改革，鼓励混合所有制企业探索建立有别于国有独资、全资公司的治理机制和监管制度，支持符合条件的混合所有制企业建立骨干员工持股、上市公司股权激励、科技型企业股权和分红激励等中长期激励机制。

政府行政管理体制改革应重点深化"放管服"改革，克服政府职能错位、越位、缺位现象，构建"清亲"政商关系，优化营商环境。健全支持民营经济、外资企业发展的市场、政策、法治和社会环境，为它们提供平等的发展机会和优良的外部条件，依法保护民营企业和外资企业的产权，维护它们的合法权益，增强它们的发展信心，提升它们对未来的良好预期。在要素获取、准入许可、经营运行、政府采购和招投标等方面对所有企业采取一视同仁的做法，消除各类限制平等竞争的制度障碍和其他壁垒，营造各种微观主体依法平等使用资源要素、公开公平公正参与竞争、同等受到法律保护的市场环境。加快落实减税降费、简政放权政策，切实减轻企业负担，增强企业竞争能力和承受市场风险的能力。

政府还应建立和完善支持中小企业发展的制度体系。中小企业是重要的市场竞争主体，对于促进市场竞争、激发经济活动具有其他企业不可替代的作用。但中小企业自身资本积累不多，市场竞争能力相对较弱，抵御市场风险的能力相对较差，因而在经营过程中面临着一些特殊困难，比较突出的有融资难、拖欠账款严重等问题。政府应制定支持中小企业的制度和政策，替中小企业分担部分责任，减轻中小企业的发展压力。应增加面向中小企业的金融服务供给，支持发展民营银行、社区银行等中小金融机构。完善民营企业融资增信支持体系。健全民营企业直接融资支持制度。应建立健全相关法律制度，形成防止或惩处拖欠中小企业账款行为的长效机制，保障中小企业的合法权益，增强它们的信心，激发它们的活力。

三、宏观调控有度

宏观调控是现代市场经济条件下政府的重要职能之一，是缓解市场不稳定、维护宏观经济平稳运行和持续增长的重要手段。第一，市场经济具有内在的不稳定性，需要通过宏观调控来补救。马克思早已阐明，市场经济条件下资本对利润的无止境追求必然导致生产过剩的经济危机，破坏正常的市场运行机制。在现代市场经济中，资本在金融领域过度投机会引发金融危机，进而波及实体经济，演化为全面的经济危机。政府运用货币政策和财政政策工具，可以防止或对冲危机的负面冲击，缓解经济下滑，推动经济尽快复苏。第二，市场的不稳定性导致经济增长缺乏稳定性和持续性，经济出现忽冷忽热的波动现象，客观上需要政府通过调控政府收支等手段来促进经济持续稳定增长。第三，市场运行的不稳定性经常导致大批劳动者失业，也需要政府通过调控市场增加就业机会。第四，在国际经济联系日益深化的今天，国际收支基本平衡也是政府宏观调控的一个重要目标。经济稳定（价格稳定）、经济增长、充分就业和国际收支平衡是宏观调控的四大目标，此外还包括区域协调平衡发展、国家经济安全等重要目标。政府的政策手段有财政政策、货币政策、消费政策、投资政策、产业政策和区域政策等。

政府宏观调控虽然能够在一定程度上弥补市场调节的缺陷和不足，

但过度的宏观干预会抑制甚至破坏市场调节，反而会降低资源配置的总体效率。此外，宏观调控也有代价，控制不好会导致通货膨胀甚至滞涨等经济后果。因此，宏观调控要把握好"度"，要根据我们面临的发展任务、目标及相应的约束条件，选择最恰当的政策工具或政策组合，灵活审慎地把握政策的力度，确保宏观调控既能够达到预期目标，又能把政策成本降至最低水平。

当前我国经济已经由高速增长阶段转向高质量发展阶段，为适应新形势的要求，我们必须在充分发挥市场资源配置的决定性作用、把市场调节置于优先地位的前提和基础上，构建有效协调的宏观调控新机制，积极稳妥地发挥宏观调控的独特作用，解决好我国当前面临的不平衡、不充分及市场失灵的问题。

第一，加快建立与高质量发展要求相适应、体现新发展理念的宏观调控目标体系、政策体系、决策协调体系、监督考评体系和保障体系。在高质量发展阶段，宏观调控的目标更加多元、综合、平衡。既应有经济发展目标，也应有生态建设目标；既应有数量方面的目标，也应有质量方面的目标；既应有总量方面的目标，也应有结构方面的目标。宏观调控目标体系是一个多目标的统一整体，其中贯穿着新发展理念，其共同指向是高质量发展。相应的政策体系、考评体系和保障体系等都应围绕高质量发展这一总体目标进行调整完善。

第二，健全以国家发展规划为战略导向，以财政政策、货币政策和就业优先政策为主要手段，投资、消费、产业、区域等政策协同发力的宏观调控制度体系，增强宏观调控前瞻性、针对性、协同性。国家发展规划是我国社会主义制度有计划地统筹经济社会中长期发展、集中力量办大事等独特优越性的重要体现。宏观调控应围绕国家发展的战略目标，提前筹划安排，综合协调多种宏观政策工具，全方位、多角度施策用力，形成宏观调控制度体系，提高宏观调控的效率。

第三，科学稳健地把握宏观政策逆周期调节力度，更好地发挥财政政策对经济结构优化升级的支持作用，健全货币政策和宏观审慎政策双支柱调控框架。逆周期调节是宏观政策对冲经济波动，确保宏观经济平稳运行的重要调控策略。把握好调控力度，避免用力过猛或力道不足，才能取得预期的政策效果。逆周期调节应建立在对宏观经济运行状况精准把握的基础上，对宏观政策预期效果要做到量化评估。财政政策主要包括税收政策和政府支出政策两大类，它对于企业的作用和影响更直接，效果更明显，因此在推动经济结构优化升级过程中，财政政策比货币政策更有效。货币政策和宏观审慎政策双支柱调控框架是中国政府针对近年来金融创新不断深化、经济周期和金融周期逐步分化、金融风险不断上升的新形势，提出的新型金融调控框架。货币政策主要针对宏观经济和总需求管理，侧重于经济增长和物价水平的稳定。宏观审慎政策则主要针对金融体系本身，抑制杠杆过度扩张和顺周期行为，侧重于维护金融稳定。这两根金融政策支柱相互协调、相互补充，共同维护宏观经济的稳定。在当前稳就业、稳金融、稳外贸、稳外资、稳投资、稳预期作为我国工作重点的情况下，要积极稳妥地发挥货币政策和宏观审慎政策双支柱调控的作用，在稳定金融市场、防范金融风险的同时，为助力实体经济发展提供有力的金融政策支持。

第四，积极发挥区域政策和产业政策的功能，着力解决发展不平衡不充分问题。我国经济转型和产业升级需要在技术创新和产品质量提升上取得突破性进展，运用产业政策支持关键行业进行技术创新具有重大意义。产业政策应向普惠化和功能性转型，加强产业政策与竞争政策协调，维护市场公平竞争。当前区域政策应重点围绕京津冀协同发展、长江经济带发展、长江三角洲区域一体化发展、粤港澳大湾区建设、黄河流域生态保护和高质量发展等国家重大区域战略的推进，形成区域协调发展新机制。

"新时代新思想标识性概念"丛书

第一辑

《坚定"四个自信"》

《"五位一体"总体布局》

《"四个全面"战略布局》

《新发展理念》

《新常态和供给侧结构性改革》

《总体国家安全观》

《"一带一路"倡议》

《国家治理体系和治理能力现代化》

第二辑

《中国特色社会主义新时代》

《做到"两个维护"》

《增强"四个意识"》

《不忘初心牢记使命》

《脱贫攻坚》

《全面建成小康社会》

《社会主义核心价值观》

《现代化经济体系》